Los Upanishads

EDICIONES
BRONTES S.L.

Los Upanishads

• Colección Sendero •

Título original:
Los Upanishads

Edita: Ediciones Brontes S.L.
Polígono Industrial Ca'n Oller
c/ Menorca 4
08130 - Santa Perpetua de Mogoda
Barcelona (España)

Impreso en España / Printed in Spain

I.S.B.N: 978-84-96975-12-5
Depósito Legal: B-14825-2008

Impreso en:
Vallestec, S. L.
C/Lisboa, nº 8
08210-Barberà del Vallès
Barcelona

INTRODUCCIÓN

Los Upanishads son comentarios que, añadidos a los Vedas, son con éstos los libros más antiguos de la cultura védica y un tesoro de incalculable valor espiritual para la humanidad. Los Upanishads han sido objeto de numerosas traducciones, algunas de ellas excesivamente literales como la de Anquetil Duperron. Asimismo, se han dado muchas versiones de estos tratados, debido sin duda a las dificultades que presenta el sánscrito como lengua, que parece haber sido concebida para ser cantada más que para ser hablada. Además de las dificultades idiomáticas, el cambio que pudieron sufrir ciertas expresiones desde la época en que se escribieron estas obras y su evolución en estos dos mil quinientos años que nos separan de sus autores, nos encontramos con una cierta incapacidad intuitiva por nuestra parte, no por el hecho de ser occidentales y tener una ideología tan diferente de la oriental, sino por habernos alejado, quizá demasiado, de ese mundo de realidades espirituales en el que la lectura de estas obras nos sumerge.

Otra dificultad es la fidelidad al texto. O bien debemos traducir palabra por palabra o bien nos hemos de ajustar al contexto siguiendo el espíritu de sus autores.

Muchas veces una traducción literal no puede plasmar con suficiente fidelidad lo que su autor quiso transmitir a la posteridad. Así ocurrió con la traducción de A. Duperron. Por ello hemos elegido una versión de los Upanishads que se ajuste al contexto para evitar malas interpretaciones. Veamos un ejemplo tomado de la versión inglesa:[1]

> "El joven Svetaketu, aconsejado por su padre, recibió enseñanza de un maestro durante doce años y al cabo de los cuales volvió

1. *"Sacred Books of the East"*, vol 2. Int. pág. xiv. M. Müller.

a su casa contento. El padre le preguntó: 'Uta tam ádesam aprâksho yenâsrutam srutam bhavary amatam matam avigñâtam iti?"

La traducción literal sería: "¿Has pedido esa instrucción por la cual lo que no se oye llega a ser oído, lo que no se comprende llega a ser comprendido, lo que no se conoce llega a ser conocido?"

Una traducción más ajustada al contexto sería: "¿Has pedido esa instrucción por la cual oímos lo que no puede ser oído, por la cual percibimos lo que no se puede percibir, por la cual conocemos lo que no puede ser conocido?"

En esta segunda versión podemos presuponer con un poco más de certeza el tipo de enseñanza que el padre esperaba que su hijo alcanzase del maestro: la enseñanza de Brahma. En la traducción literal podemos pensar que el autor se refiere a una enseñanza del tipo que se da a los niños en nuestras escuelas.

«Lo que no se comprende llega a ser comprendido", puede hacernos pensar en un mero conocimiento intelectual. En cambio en la traducción según el contexto: "Por lo cual oímos lo que no puede ser oído, percibimos lo que no se puede percibir y conocemos lo que no puede ser conocido" se refiere únicamente a la sabiduría secreta de los Vedas, que en nuestra condición cotidiana carecemos de ella. El no poder oír, el no poder percibir y el no poder comprender es nuestra situación y, nos guste o no, nuestra incapacidad. A la vez esto proclama la existencia de un saber oculto a nuestra comprensión, de un sonido imperceptible a nuestro oído y de una sensibilidad superior a la nuestra.

Una dificultad fonética con la que se encuentran todos los traductores y que prácticamente es muy difícil de verter a nuestro idioma, es la de su función religiosa. El sánscrito, el idioma de los pueblos arios, fue como el latín el idioma común a un grupo de pueblos ampliamente desparramados por las vastas llanuras de Asia central y occidental. Con el transcurso del tiempo su uso quedó relegado a meras funciones religiosas, tal como el latín en los pueblos del occidente europeo. Los dioses de los pueblos indoeuropeos presentan unas características similares entre ellos.[2] Pero, además de estas consideraciones, es digno de notar el matiz mántrico del sánscrito y sus posibilidades de ser cantado. Veamos un ejemplo, el ya visto anteriormente. Esta vez leámos-

2. Dumèzil. *Los dioses de los Indoeuropeos*. S. Barral

lo alargando los sonidos nasales subrayados, tal como lo cantarían en la India de hoy.

> "Uta tam âdesam aprâksho yenâsrutam srutam amatam matam avignâtam vigñâtam iti?"

Una estructuración similar presenta el Mundaka-Upanishad que está escrito en verso y con carácter de mantra para ser cantado.

En los idiomas de los pueblos occidentales, alemán, inglés, francés, español, parece perdida o al menos olvidada esta posibilidad lingüística que tuvo el sánscrito y que hizo de él un instrumento ritual, utilizado posiblemente con fines mágicos en los sacrificios. La ausencia de esta modalidad lingüística en español o en inglés hace imposible plasmar este matiz sutil y quizás esencial que hemos podido apreciar en el párrafo anterior.

Y, ¿qué es un mantra? Esta podría ser nuestra próxima pregunta. ¿En qué consiste su poder? ¿Y el porqué de su uso en el sacrificio? ¿Cuál es en resumidas cuentas la magia de los Vedas? ¿Qué son las Palabras de Poder que en tantas religiones aparecen envueltas en un halo de misterio? Una pregunta dirigida sólo para aquellos que de alguna forma creen en la posibilidad de una respuesta. ¿Qué relación podríamos encontrar en el párrafo anterior, alargando las sílabas: "tam", "am", "utam", con "Amon" y "Atúm", "Om", "Aum" y "Amén" de las religiones egipcia, brahmánica y cristiana respectivamente?

Sin duda alguna que el recitar un mantra entraña otras consideraciones aparte de las meramente lingüísticas, y que a nosotros como traductores nos concierne en cuanto pueden aclarar pasajes oscuros o de una significación más sutil.

En los Upanishads aparecen las connotaciones sacrificiales e interpretaciones filosóficas que no podemos rechazar o menospreciar por carecer de significado para nosotros. Hoy por hoy estamos lejos de desentrañar por completo su significado, bien esotérico, social o profético. En cambio hay pasajes, como ocurre en otros libros sagrados como la Biblia, con un matiz legal y social manifiesto. No podemos esperar que un libro cuya inspiración se considera de origen divino no se exceda en tales consideraciones como las de tipo legal o poético. La Biblia acepta la poligamia y la esclavitud. Junto a libros del más alto valor poético aparecen historias de gran crueldad, crímenes, traiciones y guerras. Lo mismo ocurre en los Upanishads; en donde se exponen problemas filosóficos sobre los temas más variados en forma de diálogo y en los que participan tanto los sabios brahmanes como reyes, miembros de la nobleza, guerreros, shudras e incluso mujeres.

Por todo ello hemos considerado oportuno hacer una selección de los Upanishad, a la vez que poner de manifiesto el espíritu que se encierra en todos ellos: el Conocimiento supremo. Pero el saber discernir y el ser profundo depende del lector. Y valga la frase «un libro profundo para un lector inteligente". Por nuestra parte hemos elegido un texto digno de confianza, publicado bajo la dirección de Max Müller, que con otros cuarenta y ocho volúmenes conforman su obra titulada: *The Sacred Books of the East*, cuya primera publicación apareció en 1895.

Max Müller nacido en Dessau, Alemania en 1823, orientalista y filólogo, fue profesor de lenguas y literatura moderna y de filología comparada en la Universidad de Oxford desde 1850. Sus trabajos sobre la literatura y lengua sánscrita revisten importancia fundamental. En 1872 abandonó la enseñanza para dedicarse a la publicación de la monumental compilación de libros sagrados de Oriente: *The Sacred Books of the East*. Recibió por ello numerosas distinciones de gobiernos y sociedades científicas así como la ciudadanía inglesa.

El espíritu de los Upanishads es el Espíritu del Universo: Brahma, Dios mismo. Uno de los principales mensajes es que el Espíritu no puede ser conocido por un mero aprendizaje, sino a través de la unión con él. ¿Cuánto necesitamos saber para sentir amor o sentir la belleza indescriptible de la música interior? La doctrina de los Upanishads no establece una nueva religión. Su tema central, repetido de tan variadas formas, es el Espíritu subyacente en todas las religiones y su conexión con el individuo a través del "âtman" que goza de la misma naturaleza que Brahma. Ambos conceptos no nos brindan una cultura sino una sabiduría. No buscan la forma sino la esencia. De ahí el rechazo de la religión externa basada en rituales y a la que consideran "conocimiento inferior". El culto había llegado a tales extremos que en el "Brahmana de los cien caminos" se lee (2, 3, 1, 5):

> "El sol no saldrá si el sacerdote no ofrece el sacrificio de madrugada al fuego."

En el Svetasvara, Upanishad, parte 4:

> "¿De qué sirve el Rig Veda para el que no conoce el Espíritu del que procede el Rig Veda?"

Los Upanishads representan una fuerte reacción contra el pensamiento mítico de los textos "brâmanas". Rechazan un mundo poblado de espíritus fantasmagóricos y su relación con ellos a través del sacrificio y de la magia. Ahora aparece una búsqueda de la Realidad basada en principios nuevos. Sin embargo, la realidad física de cada día no escapa a la visión poética de los autores de los Upanishads. No piensan que la existencia terrena carezca de valor, más bien que la felicidad de este mundo es inferior a la felicidad avanzada en esta nueva Realidad ahora puesta de manifiesto.

La doctrina de Shankara de la existencia de un ser Superior que está más allá de todos los seres o sustancias que hay en la naturaleza se denominó: "Vedanta" (fin del Veda). Esta Filosofía aparece de fondo en todos los Upanishads. De este modo todas las cosas, seres y fenómenos son manifestaciones temporales de una sola Realidad que se despliega en una multiplicidad de sustancias más o menos sutiles. Por ello el "Vedanta" no ofrece un cuerpo doctrinal unitario sino solamente la creencia en un principio supremo.

El avance que representa los Upanishads con respecto a las creencias anteriores que vemos en los textos brahames es el paso del ritual mágico a un "conocimiento superior". Esta "gnosis" o conocimiento del mundo invisible que aún se supone poblado de seres, no puede ser alcanzado más que por la iniciación de un maestro. Vemos en el Khata Upanishad:

> "Este sagrado Conocimiento no se logra por razonamiento, sino que sólo puede ser dado por un verdadero Maestro. Él está por encima de los más altos pensamientos, en verdad está por encima de todo pensamiento."

Los Upanishads, en número de hasta ciento doce, fueron compuestos entre el 800 y 450 a.C., algunos incluso en el s. XV d.C. Estos discursos espirituales, anexos a los Vedas y escritos en sánscrito, podría comparárseles con el Nuevo Testamento por la Realidad espiritual a la que aluden, basada en las enseñanzas de un maestro. Su longitud, reunidos en un solo volumen equivaldría al de la Biblia.

Por su importancia filosófica, de tránsito del pensamiento mítico al pensamiento lógico se le podría comparar con la filosofía de los presocráticos. Pero a diferencia de éstos, en cuya filosofía se fue perdiendo poco a poco el espíritu mágico de sus orígenes, en los Upanishads se mantiene nítida la inspiración divina de las enseñanzas del gurú (maestro) y su carácter de iniciación. De un modo semejante, en el Nuevo Testamento, la Gnosis (conocimiento) del Reino de los Cielos se mantiene viva, transmitida por los discípulos de Jesús, acompañada del consiguiente rito de iniciación: Bautismo (¿iniciación de primer grado?) y Confirmación en la cual el discípulo ponía las manos sobre la cabeza del neófito transmitiéndole el Espíritu Santo.

En la evolución del pensamiento griego vemos cómo se ha ido diluyendo poco a poco la imagen del maestro y cómo sus enseñanzas han ido más y más por los derroteros de la lógica. En los Upanishads en cambio se ha mantenido la idea del maestro con más nitidez. La misma palabra "upa-ni-shad" ya nos dice de la necesidad de un maestro.

El verbo "sad" en sánscrito ha dado a través del Gótico: "sitzen" en alemán, "sit" en inglés, "sidde" en danés, "sitta" en sueco; y a través del latín "sedere" ha dado en español "sentarse". El prefijo "ni" (debajo) así como la partícula "upa" (cercano) parecen haber cambiado un poco de significado en su evolución. "Upa" se le podría relacionar con el prefijo latino "sub" y lo vemos en palabras como: subestimar, subterráneo, subconsciente, subrayar. Así Upanishad significaría: instrucción recibida a los pies del maestro. Enseñanza recibida por alguien que se sienta junto a otro que puede enseñar. Y quien se sienta en un lugar inferior y cercano se le supone discípulo del que se sienta en un lugar superior.

Hasta aquí todo parece encajar perfectamente en cuanto al significado de la palabra "upanishad". Pero de nuevo nos encontramos con las deficiencias de la traducción literal. A primera vista la palabra "upanishad" queda asociada a reunión de maestro y discípulo, y no es así del todo. Cuando aparece la palabra "upanishad" en los textos se le da un significado más profundo: el de enseñanza o doctrina secreta. Incluso los filósofos nativos nunca la usan con el significado de «sentarse abajo" sino con dos significados bien diferentes:

a) con un sentido de destrucción. Suponiendo que el conocimiento impartido en estos tratados destruye la ignorancia, la pasión y el sufrimiento;

b) con un significado de acercamiento, porque los Upanishads nos llevan al conocimiento de Brahma, con el cual nos une.

Con esto queremos señalar las deficiencias de la traducción literal. Por supuesto que debemos admitir el significado de reunión de maestro y discípulo, pero también debemos tener en cuenta los otros significado de "sad" destrucción y acercamiento. De ahí, una vez más, la necesidad de profundizar en el espíritu que animó a los autores de estas obras.

Una vez más debemos recordar que la idea central en todos los Upanishads es Brahma y el objeto del conocimiento es el "âtman", al que se considera la realidad de la realidad: «satyasya satyam" Su método de unión para alcanzar este supremo Conocimiento es el yoga.

En el Katha Upanishad leemos en la parte 3:

"El que comprende y mantiene la mente firme, llega a dominar sus sentidos como los caballos dóciles del auriga".

En el Svetasvatara Upanishad leemos en la parte 6:

"...por la armonía del yoga el hombre conoce a Dios, y cuando el hombre conoce a Dios, a Ubre del grillete de la esclavitud".

En la Introducción de Max Müller, pág. XXIII, leemos:

"La meditación en la sílaba OM consiste en una larga y constante repetición de esa sílaba con la actitud de retirar nuestra atención de los otros pensamientos y concentrarla así en un pensamiento más alto para el cual esa sílaba fue concebida como su símbolo".

Uno de los términos que conviene tener claro en la lectura de los Upanishads es: "âtman". Encontramos en los diccionarios versiones como: aliento, alma, individuo abstracto, principio de vida, alma individual, ser, esencia, naturaleza, temperamento, carácter, pronombre reflexivo, comprensión, intelecto, mente, facultad de pensamiento, Brâhma, alma del universo, etcétera.[3]

Tanto en los tratados filosóficos como en el pensamiento del sistema Vedanta se le conoce como: alma, espíritu o mente. Atman es identificado con Brahma, el Ser Supremo, que en sánscrito es masculino y neutro, y con Sat, que significa el "Ser". De ahí se derivó el adjetivo "sat-ya" —que tiene la cualidad del Ser—, es decir, verdadero. Esta palabra dio el nombre abstracto: "sat-yam" —verdad—. Así pues, podemos considerar el âtman como la reflexión temporal de Brahma, que goza de la misma naturaleza que el Ser Supremo. El âtman a el elemento real que constituye la esencia más íntima de todos los seres. Es una sustancia sutil e imperceptible que da vida a todo aquello en lo que habita. El atman es la raíz de todas las cosas. Leemos en el Taittiriya Upanishad (2, 1):

"Del âtman vino el espacio y de éste el aire, del aire el fuego y del fuego el agua, del agua la tierra y de ésta las plantas, semillas, seres vivos y el hombre"

El atman es considerado espíritu puro. (Brihad-aranyaka Upanishad.) Durante el sueño, así como después de la muerte, todos los seres vivos penetran en el âtman y pierden la conciencia separada que tenían en la vida. El atman se retira de la dualidad y ya no percibe más que su propio Sí-mismo, pero vuelve una y otra vez a la multiplicidad de las formas en el estado de vigilia. De la misma forma cuando el hombre muere, su ser más íntimo se une con el âtman universal para retornar atraído por las impurezas del deseo (karma) hacia el mundo de la limitación y de la existencia corporal y finita. Desde este punto de vista la muerte y el sueño son procesos semejantes en los que el âtman va y viene en un vaivén sin fin. El ser puro, inmortal e indestructible y perfecto se ve sujeto por la ley del karma a este "eterno retorno" indefinido de la existencia.

La muerte y el sueño, *factores importantes en la vida de una persona y funciones a través de las cuales parece restaurarse un equilibrio, son los momentos en que más cerca estamos de conocer la Realidad del*

3. Max Müller, ob. cit. Introducción, vol. I, pág. XXVIII.

atman: SONIDO, LUZ y AMOR ¿Es éste el misterio de la vida? Y, ¿cómo podemos experimentar esta Realidad antes de morir? Como seres vivos no nos queda otra alternativa: el sueño. Pero, ¿cómo descubrir ese misterio en el sueño cuando el âtman envuelto en capas de ignorancia, se hace tan imperceptible incluso en el sueño más profundo? Por supuesto que u mucho más difícil percibir su esencia en el estado de vigilia cuando los órganos de los sentidos absorben nuestra total atención.

Esta esclavitud de los sentidos, esta dependencia de la lógica que nos hace dar por supuestas tantas cosas en nuestra vida diaria, deben ser controladas, igual que estas coordenadas del pensamiento que matan nuestra espontaneidad con todos esos bloques monolíticos en los que cada vez nos empeñamos más y más en hacer encajar las cosas. ¿Cómo cortar el alimento a este dragón que nos roba el tiempo de nuestra existencia que podría ser dicha y Realidad?

Y ésta es la segunda parte del mensaje de los Upanishads. Si en una primera se pone de manifiesto la existencia de algo verdadero, de una Realidad superior, en esta segunda parte nos dice del camino práctico a través del Yoga para avanzar esa conciencia superior por el control y la concentración del pensamiento. Yoga significa yugo (del latín: "jungere" "jugum").

Ya estamos dejando atrás la mística filosófica de los textos brahmanes, cuyo único camino de salvación era el conocimiento metafísico y estamos entrando en un terreno práctico de conocimiento del âtman.

El concepto de salvación ya no va a estar centrado en hacer buenas obras para adquirir un "buen karma", según esta ley universal de la causalidad, este principio cósmico de la inercia; ahora la finalidad del Conocimiento es la felicidad ("anand"), encontrada en la liberación de este ir y venir a este mundo de formas evanescentes (maya). Estar liberado supone estar salvado tanto en las influencias beneficiosas de las buenas obras como de las consecuencias perniciosas de las malas acciones. Ambas nos atan a este mundo y nos hacen venir una y otra vez a él.

Esta explicación del sufrimiento como consecuencia de nuestras buenas o malas acciones entraña la existencia de una serie indefinida de reencarnaciones, en cuyo tema no vamos a entrar, pero sí diremos que la reencarnación o transmigración de las almas es una de las creencias más difundidas en todo el ámbito religioso de la humanidad.

La imperturbabilidad a las sensaciones sensoriales y la experiencia del âtman van a ser el camino a recorrer, con la ayuda del maestro, hacia la liberación de toda atadura y a la vivencia continua de esa Realidad, así como a la fusión en el Amor, poder creador, para el que todo ser humano ha sido creado y puesto en este mundo.

Y éste es el gran mensaje esperanzador de los Upanishads, prenañado de promesas y escueto en sus metas: la Perfección y el Amor; claro en su método y eficaz en sus consejos: la necesidad que el ser humano tiene que ser bien dirigido por alguien que tenga la capacidad de enseñarnos la Luz, el Amor y la acción de nuestra alma.

Y como nota final añado mi más profundo respeto por los lectores de esta obra y mi sincero deseo de que encuentren sus bellos pasajes alivio a las durezas de esta vida y una dirección brillante en el conocimiento de uno mismo.

KATHA UPANISHAD

PRIMER ADHYAYA

PRIMER VALLI

1. Vagasravasa, deseoso de recompensas celestiales, entregó en sacrificio todo lo que poseía. Tenía un hijo cuyo nombre era Nakiketas.

2. Mientras los presentes eran entregados, la fe entró en el corazón de Nakiketas, que todavía era un muchacho, y pensó:

3. "Malditos seguramente son los mundos a donde va un hombre que ofrece en sacrificio vacas que han bebido agua, comido heno, dado su leche y son estériles."

4. Aquél, conociendo que su padre había prometido entregar todo lo que poseía, y por consiguiente también a su hijo, dijo a su padre: "Estimado padre, ¿a quién vas a entregarme?" Lo dijo por segunda y tercera vez. Entonces el padre replicó enojado:

"Te entregaré a la Muerte."

(El padre, por haber dicho aquello, aunque fruto de su precipitación, tuvo que ser fiel a su palabra y sacrificar a su hijo.)

5. El hijo contestó: "Voy a la muerte como cabeza de muchos que todavía tienen que morir y con muchos que ahora están muriendo.

¿Cuál será la obra de Yama (el soberano de los fallecidos) que hoy tiene que hacer conmigo?

6. "Miro al pasado y observo lo que ocurrió a los que vinieron; miro al futuro y observo lo que ocurrirá a los que tienen que venir. El hombre mortal madura como el maíz y, como el maíz, brota de nuevo."

(Nakiketas entra en la morada de Yama, donde no hay nadie para recibirle. Uno de los sirvientes de Yama le increpa así:)

7. "El fuego penetra en las casas cuando un brahmín entra como

invitado. Tal fuego solamente puede ser aplacado con una ofrenda de paz. ¡Trae agua, pues, oh Vaivasrata!

8. "Un brahmín que mora en la casa de un hombre necio sin recibir nada para comer, destruye todas las esperanzas y deseos del dueño de la casa, todas sus posesiones, su honestidad, sus sagradas y buenas acciones y todos sus hijos y ganado."

(Yama, regresando a su casa después de tres días de ausencia, durante los cuales Nakiketas no había recibido hospitalidad de él, se dirige a Nakiketas:)

9. "Oh, brahmín, puesto que tú, venerable huésped, has permanecido en mi casa tres días sin comer, escoge como compensación tres deseos."

10. Nakiketas contestó: "Oh Muerte, como el primero de mis deseos, escojo que Gautama, mi padre, permanezca calmo, bondadoso y no se enoje conmigo; de este modo podrá conocerme y saludarme cuando tú me liberes".

11. Yama repuso: "Por mi favor, Andalaki Aruni, tu padre, te aceptará y se comportará contigo como antes. Dormirá serenamente por la noche y la cólera no se apoderará de él cuando vea que has sido liberado de las fauces de la muerte

12. Nakiketas añadió: "En el mundo celestial no hay miedo alguno, pues tú no moras allí, oh Muerte. En ese reino nadie tiene que llegar a la vejez. Allí no hay hambre, ni sed, ni dolor. Todo es gozo en ese mundo.

13. "Tú conoces, oh Muerte, el sacrificio del fuego que nos conduce al cielo; revélamelo, pues mi corazón rebosa de fe. Aquellos que viven en el reino celestial alcanzan la inmortalidad; éste es, pues, mi segundo deseo."

14. Yama replicó: "Cuando conozcas el sacrificio del fuego que conduce al cielo, comprende, oh Nakiketas, que con él se alcanzan los mundos infinitos, escondidos en el corazón del hombre".

15. Yama entonces le enseñó a realizar el sacrificio del fuego, que es el principio de todos los mundos. Le enseñó también qué ladrillos se requieren para el altar y cuántos y cómo tienen que ser colocados. Nakiketas repitió todo tal como se le había enseñado.

Entonces Mrityu[1], complacido con él, le dijo:

16. "Te concedo otro deseo: El fuego del sacrificio, que te ha sido revelado, tomará tu mismo nombre.

17. "Aquel, pues, que realiza este rito Nakiketas[2] y hallando la unión con los tres, cumple los tres deberes, se halla más allá del nacimiento y la muerte.

Quien aprende y comprende este fuego, que nos da a conocer todo lo que ha nacido de Brahma, todo lo venerable y divino, obtiene la paz eterna.

18. "El que conoce los tres fuegos —Nakiketas y, conociendo los tres, prepara el sacrificio— Nakiketas rompe las cadenas de la muerte y se regocija en el mundo que se halla más allá del dolor.

19. "Este, oh Nakiketas —exclamó la Muerte— es tu fuego que conduce al cielo y que tú has escogido como segundo deseo. Escoge ahora, pues, tu tercer deseo."

20. Nakiketas dijo: "Hay una duda que surge en mí cuando muere un hombre. Algunos afirman que su alma también muere y otros dicen lo contrario. Esto me gustaría conocer; si tú me lo muestras, éste es mi tercer deseo".

21. La Muerte respondió: "En este punto incluso los dioses han dudado. No es un tema fácil de comprender. Te ruego que escojas otro deseo, oh Nakiketas, no me obligues a responderte".

22. Mas Nakiketas replicó: "Ciertamente en este punto incluso los dioses han dudado. Con toda seguridad, pues, no hay otro deseo mejor que éste".

23. La Muerte repuso: "Escoge hijos y nietos que vivan cien años, ganado, elefantes, oro y caballos. Escoge como morada la tierra entera y vive tantas cosechas como quieras.

24. "Si puedes pensar en algún deseo parecido, escoge riqueza y larga vida. Sé el rey de toda la tierra. Te concedo el goce de todos los deseos.

25. "Pide cualquier deseo, por difícil que sea de obtener entre los mortales, pídelo según tu deseo: bellas doncellas con carros e instrumentos musicales... Tales deseos ciertamente no son alcanzados por los hombres, solamente por aquellos a quienes yo permito obtenerlos. Pide lo que te plazca, pero no preguntes acerca de la muerte."

26. Nakiketas sin embargo respondió: "Estas cosas son efímeras, sólo duran hasta mañana oh Muerte, puesto que su fuerza nace de los sentidos. Incluso la vida más larga es breve. Quédate, pues, con tus caballos y tus danzas y responde a mi deseo.

27. "Ningún hombre es feliz por la riqueza. ¿Acaso poseeremos riquezas cuando te tengamos que ver?

¿Acaso viviremos cuando tú reines sobre nosotros? Sólo este deseo quiero alcanzar.

28. "¿Qué mortal, después de conocer la liberación de la vejez gozada por los inmortales, apreciará vivir una larga vida en esta tierra, donde no existen los verdaderos placeres que nacen de la belleza y el amor?

29. "Oh Muerte, dinos qué hay en la otra Vida. Nakiketas no escoge otro deseo sino aquel que es la llave del mundo de las tinieblas."

SEGUNDO VALLI

1. La Muerte replicó: "El bien es una cosa, el placer otra; estas dos, teniendo fines distintos, encadenan al hombre. El hombre debe permanecer en el bien, pues el que escoge el placer, malogra su destino.

2. "El bien y el placer se acercan al hombre, pero sólo el sabio puede verlos y distinguirlos. Éste prefiere el bien y desecha el placer mas el necio escoge el placer y la avaricia y desecha la virtud.

3. "Tú, oh Nakiketas, después de considerar todos los placeres que son o parecen ser agradables, los has despreciado uno por uno. Tú no has entrado en el camino que lleva a la riqueza, donde muchos son los que perecen.

4. "Muy separados y conduciendo a lugares muy distintos se encuentran la ignorancia y lo que se conoce como sabiduría. Creo que tú, Nakiketas, deseas el verdadero Conocimiento, pues muchos deseos no consiguieron desviarte de tu propósito.

5. "Los necios moran en la oscuridad. Sabios en su propia presunción, andan en círculos, tambaleándose de aquí para allá, como ciegos guiados por ciegos.

6. "La otra vida nunca aparece ante los ojos del chiquillo distraído, engañado por la ilusión de la riqueza. 'Esto es el mundo', piensa, 'no hay otro mundo más que éste'. No se da cuenta que caerá así una y otra vez bajo mi dominio.

7. "Aquello lo que muchos ni siquiera pueden oír, que muchos, cuando lo oyen, no lo comprenden, admirable es el hombre, si hay alguno, que puede darlo a conocer, y admirable el que lo comprende cuando un verdadero maestro se lo muestra.

8. "Cuando esa verdad es dada a conocer por un hombre inferior, no es fácil de ser comprendida. A menos que sea revelada por un ser perfecto, no hay forma de acceder a ella, pues es inconcebiblemente más pequeña que lo pequeño.

9. "Esa doctrina no puede ser obtenida por discusión; mas cuando proviene de la boca de un ser perfecto, entonces es fácil de comprender. Tú la has obtenido, pues eres ciertamente un hombre de verdadera determinación. ¡Haya siempre buscadores como tú!"

10. Nakiketas asintió: "Sé que los tesoros terrenales son transitorios, pues lo eterno no puede ser obtenido con cosas que no son eternas; mas yo, por medio de lo transitorio he obtenido lo que está más allá de toda transitoriedad".

11. Yama respondió: "Aunque has visto la satisfacción de todos los deseos, la fundación del mundo, las infinitas recompensas de las buenas acciones, la ribera donde no hay miedo alguno, loada en todas las alabanzas, y la gran morada, has sido sabio y con firme determinación lo has despreciado todo

12. "El sabio que, mediante la meditación en su Ser, reconoce a Dios en el Antiguo, aquel a quien muy pocos ven, que se halla en la más profunda oscuridad y mora en lo oculto, ese sabio ciertamente está más allá del gozo y el dolor.

13. "El mortal que, oyendo esto, lo acoge en su corazón y lo separa de todas las cualidades, alcanzando de este modo el Ser sutil, se llena de gozo, pues ha hallado la causa de todo regocijo. La morada está abierta para ti, oh Nakiketas."

14. Nakiketas repuso: "Quiero que me digas lo que tú ves como ni esto ni aquello, ni efecto ni causa, ni pasado ni futuro".

15. Yama respondió: "La Palabra de la que hablan todos los Vedas, buscada en ayunos y austeridades por muchos hombres, te va a ser revelada.

16. "Esa Palabra imperecedera significa lo más alto; el que conoce este Santo Verbo obtiene todo lo que desea.

17. "Esta es nuestra tabla de salvación, lo supremo de lo supremo. Quien conoce esta Santa Palabra es engrandecido en el mundo de Brahma.

18. "El Inteligente no nace ni muere. No brotó de nada ni nada brotó de él. El Antiguo es innato, eterno, imperecedero. No perece, aunque el cuerpo se corrompa.

19. "Si el que mata cree que es él quien mata, y si el que muere cree

que es él quien muere, ambos no comprenden; pues ni uno mata, ni el otro muere a manos de nadie.

20. "El Ser, más pequeño que lo pequeño, más grande que lo grande, está escondido en el corazón de la criatura. El hombre que está libre de los deseos y el dolor, puede ver la majestad del Ser por la gracia del Creador.

21. "Aunque quieto, camina hasta lo lejos; aunque tendido en el suelo, llega a todas partes. ¿Quién, excepto yo, puede conocer a ese Dios que se regocija sin regocijarse?

22. "El sabio que conoce al Ser Incorpóreo en el interior de los cuerpos, inmutable en medio as cosas que cambian, grande y omnipotente, nunca sufre.

23. "Ese Ser no puede ser alcanzado leyendo los Vedas, ni tampoco ser comprendido o aprendido. Sólo aquél a quien el Ser perfecto escoge puede alcanzar su grandeza, pues el Ser ha escogido el cuerpo de ese hombre como el suyo propio.

24. "Pero quien no se aparte de la maldad, ni permanezca tranquilo y sumiso, jamás alcanzará el Ser, ni siquiera mediante el Conocimiento.

25. "¿Quién, entonces, conoce dónde está Él, en quien todo desaparece y en quien incluso la muerte es absorbida?

TERCER VALLI

1. "Existen dos Brahmas, el superior y el inferior, los cuales obtienen su recompensa en el mundo de sus propias acciones; ambos habitan en la cueva del corazón y moran en la cumbre más alta. Aquellos que conocen a Brahma los llaman la sombra y la luz, así como los padres de familia que realizan el sacrificio Trinakiketa.

2. "Así pues, dominemos perfectamente este rito Nakiketas, que es el puente para los que ofrecen sacrificios y la barca para llegar a la orilla del imperecedero Brahma.

3. "Conoce el Ser que se sienta en el carro: su cuerpo es el carro, el intelecto el auriga y la mente las riendas.

4. "Los sentidos son los caballos y los objetos de los sentidos los caminos que aquéllos toman. Cuando aquél (el Ser Supremo) está en perfecta unión con el cuerpo, los sentidos y la mente, los sabios llaman a ese estado la dicha Suprema.

5. "El que no comprende y cuya mente (las riendas del caballo nunca está sujeta firmemente, jamás podrá dominar los sentidos, igual que los caballos de un auriga no pueden ser dominados por un cochero inexperto.

6. "Pero el que comprende y mantiene la mente firme, llega a dominar sus sentidos como los caballos dóciles de un auriga.

7. "El que no comprende, debido a su negligencia e impureza, nunca llega a ese lugar, perdiéndose en la rueda de nacimientos.

8. "Pero el que comprende, aquel que es cuidadoso y siempre puro, alcanza en verdad ese lugar donde no se nace de nuevo.

9 "El que comprende a su auriga y sujeta las riendas de la mente alcanza el fin de su viaje, que es el lugar más alto de Vishnu.

10. "Más allá de los sentidos están los objetos, más allá de los objetos está la mente, más allá de la mente está el intelecto y más allá del intelecto está el Gran Ser.

11. "Más allá del Grande está el Oculto, más allá del oculto está la Persona. Más allá de la Persona no hay nada: esta es la meta del Camino Supremo.

12. "Ese Ser permanece oculto en todos los seres, sin mostrar su brillo, mas es visto por los buscadores sutiles por medio de su agudo y sutil intelecto.

13. "El sabio debe dominar la voz de la mente; debe mantenerla en el interior del Ser, lo cual es el Conocimiento; debe así mismo mantener el Conocimiento en el interior del Ser, lo cual es grandeza y debe mantener a ésta en el interior del Ser, lo cual es Serenidad.

14. "¡Levántate y despierta! Ahora que has obtenido tus deseos. ¡Compréndelos! Tan difícil como pasar por el afilado filo de una navaja, así de duro —dice el sabio— es este camino (hacia el Ser).

15. "El que ha percibido aquello que no tiene sonido, tacto, forma, decadencia, y gusto, que es eterno y no tiene olor, principio ni fin, que está más allá de lo Supremo y es inmutable éste está libre de las fauces de la muerte.

16. "El sabio que ha repetido u oído la antigua historia de Nakiketas contada por la Muerte es ensalzado en el mundo de Brahma.

17. "Y aquel que repite este Supremo misterio en una reunión de brahamines, o cuyo corazón rebosa de devoción en el momento del sacrificio Sraddha obtiene también infinitas recompensas."

SEGUNDO ADHYAYA

CUARTO VALLI

1. La Muerte prosiguió: "El Auto-existente traspasó las aberturas de los sentidos para que se dirigieran hacia afuera; por consiguiente el hombre mira hacia afuera, no hacia adentro, a su propio ser. Algunos sabios, sin embargo, cerrando sus ojos y anhelando la inmortalidad, pudieron contemplar al Ser oculto.

2. "Los chiquillos corren tras los placeres externos y caen en la trampa que les tiende la muerte. Solamente los sabios, conociendo la naturaleza de lo que es inmortal, no buscan nada estable entre todo lo inestable.

3. "Aquello mediante lo cual conocemos las formas, el gusto, el olor, los sonidos y el tacto de todo lo hermoso, de igual modo nos permite conocer lo que existe en nuestro interior. Esto es lo que tú me has preguntado.

4. "El sabio que sabe que lo que le permite percibir todos los objetos en el sueño o en la vigilia es el grande y omnipresente Ser, deja de sufrir.

5. "El que reconoce al Ser como el alma viviente, como el Señor del pasado y del futuro, deja de sufrir. Así es.

6. "El que le conoce, conoce a aquel que nació del calor ardiente y mora en el corazón. Así es.

7. "El que le conoce, también conoce a Aditi, que está unido a todas las deidades y nace del Prana (aliento), que mora en el corazón y surgió de los elementos. Así es.

8. "El que le conoce, conoce también a Agni (el fuego), el cual todo lo ve, oculto entre los dos palos de la hoguera, bien protegido como un

niño en el vientre de la madre para ser adorado día tras día por los hombres cuando despiertan y hacen sus ofrendas. Así es.

9. "Y conoce también aquello de donde el sol surge y adonde el sol va a ponerse. Allí todos los Devas están contenidos y ni uno solo va más allá. Así es.

10. "Lo que está acá, lo mismo está allá; y lo que está allá, lo mismo está acá. Quien ve diferencia alguna entre allá y acá, va de la muerte hacia la muerte.

11. "Incluso con la muerte Brahma tiene que ser alcanzado; entonces no hay diferencia entre Creador y criatura. Quien ve diferencia en eso va de la muerte a la muerte.

12. "Él mora en el interior del Ser como Señor del pasado y el futuro. Quien esto conoce deja de temer. Así es.

13. "El es como una luz sin humo, Señor del pasado y el futuro, igual hoy y mañana. Así es.

14. "Igual que el agua de la lluvia caída en la montaña desciende por todos los lados de las rocas, así quien ve diferencias entre las cualidades del ser corre confuso tras ellas por todas sus vertientes.

15. "Como el agua pura que echada en agua pura permanece igual, así, oh Gautama, es el Ser del discípulo que conoce al Perfecto.

QUINTO VALLI

1. "Hay una Ciudad de once puertas que pertenece al Innato, cuyos pensamientos nunca son tortuosos. Quien se acerca a ella, deja de sufrir y, liberado de todas las ataduras de la ignorancia, encuentra la libertad. Así es.

2. "Él es el cisne que mora en el radiante cielo; él es Vasu (el aire), que mora en el cielo; él es el sacrificador que mora en el hogar; él es el huésped que mora en la tinaja de los sacrificios; él mora en los hombres, en los dioses, en el sacrificio y en el cielo; él nace en el agua, en la tierra y en las montañas; él es el Verdadero y lo Supremo.

3. "El es quien nos envía el aliento. Todos los Devas (los dioses) le adoran, pues él es el adorable que se sienta en el centro de todo.

4. "Cuando el Ser mora en este cuerpo mortal es separado y liberado de su disfraz, ¿qué queda entonces? Así es.

5. ”Ningún mortal vive del aliento que asciende y desciende. Vivimos de otro aliento en el cual estos dos reposan.

6. ”Así pues, oh Gautama, te revelaré el misterio del antiguo Brahma, y lo que sucede al Ser después de la muerte.

7. ”Unos entran en el vientre de una mujer para tomar un cuerpo como seres orgánicos otros entran en la materia inorgánica según sus obras pasadas y su conocimiento.

8. ”Aquél, la Persona Suprema, que permanece despierta en nosotros mientras dormimos, dando forma a nuestras visiones, aquél en verdad es lo Radiante, aquél es Brahma; a él solo se le llama el Inmortal. Todos los mundos están contenidos en él y nadie puede ir más allá. Así es.

9. ”Como el fuego que, aunque uno, parece distinto según lo que arde en él, así el Ser único que está dentro de todas las cosas parece distinto según la materia en la cual él penetra, y sin la cual también existe.

10. ”Como el aire que, aunque uno, parece distinto según la materia en la que él penetra, así el Ser único que está dentro de todas las cosas parece distinto según la materia en la que penetra, y sin la cual también existe.

11. ”Como el sol, que no es contaminado por las impurezas externas vistas por los ojos, así el Ser único entre todos los seres nunca es contaminado por la miseria del mundo, estando él mismo fuera de ella.

12. ”No hay otro señor que el Ser que está dentro de todas las cosas, que hace que las formas se multipliquen. A los sabios que le perciben pertenece la felicidad eterna, a nadie más.

13. ”No hay ningún pensador eterno que piense pensamientos no-eternos, y que, aunque sea uno solo, satisfaga los deseos de muchos. A los sabios que le perciben dentro de su Ser, pertenece la paz eterna, a nadie más.

14 ”Ellos perciben ese supremo e indescriptible placer y exclaman: ‘Esto es. Entonces, ¿cómo puedo yo comprenderlo? ¿Tiene su propia luz o es un nuevo reflejo de otra?’

15. ”Allí el Sol no brilla, ni la Luna, ni las estrellas, ni los relámpagos ni el fuego. Cuando él brilla, todo brilla tras él, pues por su luz todo es iluminado.

SEXTO VALLI

1. "Hay un árbol muy antiguo cuyas raíces crecen hacia arriba y sus ramas hacia abajo; ése en verdad se llama lo Radiante, Brahma, pues él solo es el Inmortal. Todos los mundos están contenidos en él, nada va más allá. Esto es.

2. "El mundo entero, cuando sale de Él, tiembla en su aliento, pues Brahma es un gran terror, como una espada desenvainada. Aquellos que le conocen alcanzan la inmortalidad.

3. "Del terror de Brahma arde el fuego y el sol; de su terror Indra,[3] Vayu[4] y la muerte escapan corriendo.

4. "Si un hombre no puede comprender esto antes de que su cuerpo caiga en pedazos, tendrá que tomar otro cuerpo en los mundos de la creación.

5. "Como en un espejo, así es este cuerpo (donde Brahma puede ser visto claramente); como un sueño, así es visto en el mundo de los Padres; como en el agua, así es visto en el mundo de los Gandharvas;[5] como en la luz y en la sombra, así es visto en el mundo de Brahma.

6. "Habiendo comprendido que los sentidos son distintos del alma, y que su ascenso y declive a ellos pertenece, el sabio deja de sufrir.

7. "Más allá de los sentidos está la mente, más allá de la mente está el Ser supremo, más allá del Ser supremo está el Gran Ser, más allá del Grande, el Oculto.

8. "Más allá del Oculto está la Persona, el omnipresente, completamente imperceptible. Las criaturas que le conocen son liberadas y obtienen la inmortalidad.

9. "Su forma no puede ser vista, pues nadie puede contemplarle con los ojos. Sólo puede ser conocido con el corazón, que se halla más allá de la sabiduría y la mente. Sólo aquellos que saben esto son inmortales.

10. "Cuando todos los sentidos y la mente son sometidos, el sabio alcanza el estado supremo.

11. "Esto, el sujetar firmemente los sentidos y la mente, es lo que se llama Yoga. Quien alcanza la conciencia del Yoga no debe ser negligente, pues el estado de Yoga va y viene como un vagabundo errante.

12. "Él no puede ser alcanzado con la palabra, con la mente o con el ojo. ¿Cómo puede ser percibido excepto por aquel que conoce su Santa Palabra?

13. ”Mediante el Verbo tiene que ser percibido. Cuando el ser ha sido percibido mediante el Verbo, la realidad se revela a sí misma.

14. ”Cuando cesan todos los deseos que moran en el corazón del mortal, éste se convierte en inmortal y se funde con Brahma.

15. ”Cuando todas las ataduras mundanas son cortadas aquí en la tierra, el mortal alcanza la inmortalidad. Esta es la única enseñanza que el verdadero sabio tiene que aprender; todas las demás enseñanzas, aunque notables, son para aquellos que no han levantado aún todos los velos de la ignorancia.

16. ”Hay ciento una arterias en el corazón, de las cuales una penetra en la corona de la cabeza. Saliendo por ella, el hombre al morir llega al Inmortal.

17. ”La Persona está constantemente asentada en el corazón de los hombres. ¡Que el hombre alcance el verdadero Ser que está en el interior de su cuerpo y medite en él con firmeza! ¡Conozca, pues, a ese Ser como lo Radiante y lo Inmortal!”

18. Habiendo recibido este Conocimiento enseñado por la Muerte y la meditación en el Yoga, Nakiketas se liberó del sufrimiento y de la muerte y obtuvo el estado de Brahma. Así será con cualquier otro que conozca todo lo que se refiere al Ser.

19. ¡Que él proteja a maestro y discípulo! ¡Que él goce de ambos! ¡Juntos adquiramos la fuerza! ¡Que se ilumine nuestro Conocimiento! ¡Dejemos nuestras disputas para siempre! ¡Om! ¡Paz! ¡Paz! ¡Paz! ¡Hari, Om!

MUNDAKA UPANISHAD

PRIMER MUNDAKA

PRIMER KHANDA

1. Brahma fue el primero de los Devas, el hacedor del Universo, el preservador del mundo. Él reveló el Conocimiento de Brahma, la fundación de todo conocimiento, a su hijo mayor Atharva.

2. Todo lo que Brahma reveló a Atharva, Atharva lo reveló a Angir; éste lo reveló a Satyavaha Bharadvaga, y Bharadvaga lo reveló a su vez a Angiras.

3. Saunaka, el gran cabeza de familia, se acercó a Angiras respetuosamente y le preguntó: “Señor, ¿qué Conocimiento es aquél, con el cual, puede conocer todo lo demás?”

4. Él le respondió: “Hay dos clases de conocimiento que deben ser conocidos, el conocimiento superior y el conocimiento inferior; esto lo afirma el sabio que conoce a Brahma.

5. “El Conocimiento inferior es el Rig-veda, Yagur-veda, Sama-veda, Atharva-veda, Siksha (fonética), Kalpa (ceremonias), Vyakarana (gramática), Nirukta (etimología), Khandas (métrica) y Gyotisha (astronomía); pero el conocimiento superior es aquel mediante el cual el Indestructible (Brahma) es comprendido.

6. “Lo que no se puede ver ni tocar, que no tiene familia ni casta, ni ojos ni oídos ni manos ni pies, el eterno, el Omnipresente, infinitesimal, imperecedero, eso es lo que el sabio reconoce como la fuente de todos los seres.

7. “Como la araña teje su tela, como las plantas crecen sobre la tierra y como cada uno de los cabellos del hombre se extiende por su cabeza y su cuerpo, así todo surge del Indestructible.

8. ”Brahma crece con el calor de la meditación, igual que la gallina empolla sus huevos. De él nace la materia, de la materia el aliento, la mente, la verdad y los mundos; y de las acciones (realizadas por los hombres en los mundos), la inmortalidad (los efectos eternos, recompensas y castigos de las acciones).

9. ”De aquel que todo lo percibe y todo lo conoce, que se alimenta del Conocimiento, de aquel que nace Brahma, el nombre, la forma y la materia.

SEGUNDO KHANDA

1. ”Esta es la verdad: las acciones de los sacrificios que los poetas vieron en los himnos védicos han sido realizadas en múltiples formas en la edad de Treta.[6] Practicadlas diligentemente, amantes de la verdad, pues éste es el camino que os conducirá al mundo de las buenas acciones.

2. ”Cuando se enciende el fuego y la llama tiembla, que el hombre haga sus ofrendas entre las dos porciones de mantequilla fundida, como ofrecimiento de fe.

3. ”Si el sacrificio del fuego no es seguido de los sacrificios de luna nueva y luna llena, de los sacrificios de los cuatro meses y del sacrificio de la cosecha; si no es acompañado por los huéspedes, ni ofrecido o realizado sin la ceremonia Vaisvadeva, o no es ofrecido según lo prescrito, el sacrificio destruye los siete mundos del sacrificador.[7]

4. ”Kali (negro), Karali (terrorífico), Manogava (agudo como el pensamiento), Sulohita (rojo intenso), Sudhumravarna (morado), Sphulingini (centelleante) y el brillante Visvarupi (el de múltiples formas), todos éstos son llamados las siete lenguas de fuego.

5. ”Si un hombre ofrece sus sagrados sacrificios cuando brillan estas llamas y las ofrendas siguen el momento prescrito, éstas le conducen como los rayos del sol a la morada del Señor de los devas.[8]

6. ”‘¡Ven con nosotros, ven con nosotros!’, exclaman las brillantes ofrendas, mientras llevan al sacrificador en los rayos de sol, ‘¡Este es tu santo mundo de Brahma, ganado por tus buenas acciones!’

7. ”Pero frágiles en verdad son aquellos que han revelado estas ceremonias inferiores. Los necios que ensalzan esto como el bien supremo están sujetos a las garras de la vejez y la muerte.

8. "Los necios que moran en la oscuridad, sabios de su propia ignorancia y engreídos de vano conocimiento, son como ciegos que andan tambaleándose en círculos guiados por otros ciegos.

9. "Son chiquillos que se consideran felices viviendo en la ignorancia. Ciertamente aquellos que dependen de sus buenas acciones son imprudentes a causa de sus pasiones, y caen en la miseria cuando su vida (en el mundo que han ganado con sus buenas acciones) ha terminado.

10. "Considerando el sacrificio y las buenas acciones como lo mejor, estos necios no conocen bien más alto, y habiendo disfrutado de las alturas del cielo, ganado por sus acciones anteriores, caen de nuevo en este mundo o en otro inferior.

11. "Pero aquellos que hacen penitencia en el bosque, los sabios de mente serena que viven de limosnas, se liberan de todos los deseos.

12. "Nada eterno se puede obtener con algo no eterno. Quien quiera comprender esto, que tome leña en su mano y se acerque a un Gurú que haya comprendido y tenga a Brahma permanentemente en su corazón.

13. "Aquel discípulo que se ha acercado respetuosamente ante tal Gurú, cuyos pensamientos no están turbados por deseo alguno, a éste, el sabio maestro revelará en verdad el Conocimiento de Brahma por medio del cual conocerá la eterna y verdadera Persona.

SEGUNDO MUNDAKA

PRIMER KHANDA

1. "Esta es la verdad. Igual que del fuego centelleante surgen sin cesar miles de llamas, así, oh amigo, son los seres que surgen del imperecedero para retomar de nuevo a su origen.

2. "La persona celestial no tiene cuerpo, se halla en el interior y en el exterior, no es producto de la creación ni tiene aliento ni mente, y su esencia es más pura y suprema que lo Imperecedero.

3. "De él (de la persona) surge el aliento, la mente y todos los órganos de los sentidos, el éter, el aire, la luz, el agua y la tierra, que es el soporte de todo.

4. "El fuego (el firmamento) es su cabeza, sus ojos son el sol y la luna, los cuatro puntos cardinales sus oídos, el habla los Vedas, el viento su aliento y su corazón el universo. De sus pies surgió la tierra, pues él es en verdad el Ser interior que está en todas las cosas.

5. "De él nace Agni (el fuego), siendo el sol el combustible; de la luna (soma) sale la lluvia; de la tierra nacen las hierbas que dan alimento al hombre; y el hombre da semilla a la mujer. De este modo muchos seres son procreados por la Persona.

6. "De él nacen los ritos iniciatorios, todos los sacrificios y ofrendas de animales y el dinero que se da a los sacerdotes; el año también sale de él, así como el sacrificador y los mundos en los cuales la luna y el sol brillan con luz radiante.

7. "De él también han sido procreados los Devas, los genios, los hombres, el ganado, los pájaros y las inspiraciones y expiraciones de todos los seres vivos, el arroz y el maíz las austeridades, la fe, la verdad, la experiencia y la ley.

8. ”Los siete sentidos también han surgido de él, así como las siete luces, las siete clases de combustible, los siete sacrificios y los siete mundos en los cuales los sentidos se mueven y descansan en la cueva del corazón.

9. ”De él han surgido los mares y todas las montañas, de él fluyen los ríos de la tierra y de él nacen todas las hierbas y todos los elementos de la tierra.

10. ”La Persona es el sacrificio y las austeridades, es Brahma, es lo supremo de lo supremo, lo que no puede perecer; quien conoce esto que está oculto en la cueva del corazón, oh amigo, destruye el nudo de ignorancia de esta tierra.

SEGUNDO KHANDA

1. ”Manifiesto, cercano, moviéndose en la cueva del corazón, está el gran ser. En él se centra todo aquello que nosotros conocemos como movimiento, respiración, parpadeo, lo que conocemos como ser y no ser, lo adorable, lo mejor, lo que está más allá de la comprensión de las criaturas.

2. ”Lo que es brillante más pequeño que lo pequeño, aquello en lo que se basan los mundos y su fundación, eso es el indestructible Brahma, el aliento, el habla, la mente: todo esto es él. Él es la verdad inmortal, la meta que tienes que alcanzar. Alcánzala ¡oh amigo!

3. ”Toma este Upanishad como el arco y coloca en él la flecha afilada de la devoción. Si así lo haces, tu mente permanecerá sujeta y darás en el blanco, que es el Indestructible.

4. ”La Palabra es el arco, el Ser es la flecha y Brahma el blanco. Este tiene que ser alcanzado por un hombre de mente firme; entonces, igual que el arco se hace uno con el blanco, él será uno con Brahma.

5. ”En él el cielo, la tierra, el firmamento, la mente y todos los sentidos están tejidos en un solo hilo. Conócelo a él como el verdadero Ser y abandona los otros mundos. ¡El es el único puente hacia la inmortalidad!

6. ”Él se mueve en múltiples formas dentro del corazón. Medita en el ser como la Palabra. ¡Gloria a ti, cruza más allá del mar de la oscuridad!

7. "Quien lo comprende todo y lo conoce todo, aquel a quien toda la gloria de este mundo pertenece, el Ser, está en el éter, la ciudad celestial de Brahma. El sabio que comprende estas palabras, contempla al Inmortal que brilla rebosante de dicha.

8. "Las cadenas del corazón se rompen y todas las dudas hallan solución; todas las acciones crecen cuando uno puede contemplarle, pues él es el supremo entre los supremos.

9. "En la mansión dorada está Brahma, libre de pasiones, inmutable, uno. Él es la esencia de la pureza, la luz de las luces, aquello que conocemos como el Ser.

10. "El Sol no brilla ahí, ni la Luna, ni las estrellas, ni los relámpagos, ni el fuego; cuando él brilla, todo brilla detrás de él, pues por su luz todo es iluminado.

11. "Brahma el Inmortal, está delante y detrás, a la derecha y a la izquierda, arriba y abajo; Brahma es todo esto y mucho más, él es el supremo entre los supremos.

TERCER MUNDAKA

PRIMER KHANDA

1. "Dos pájaros, inseparables amigos, se posan en el mismo árbol. Uno de ellos come el fruto dulce, mientras el otro lo mira sin probar bocado.

2. "En el mismo árbol está sentado el hombre, sufriendo, confuso por su propia impotencia. Pero cuando ve al Señor y conoce su gloria, su corazón se llena de alegría y el sufrimiento desaparece.

3. "Cuando el vidente ve al brillante Hacedor y Señor de este mundo y le reconoce como la Persona que tiene su fuente en Brahma, entonces aquél es sabio, pues ha descorrido el velo de lo bueno y lo malo alcanzando la unidad suprema; está libre de pasiones, pues en él vibra el aliento que surge de todos los seres. Quien esto comprende, se convierte en un verdadero sabio y deja de ser un charlatán.

4. "Mediante la rectitud de pensamiento, austeridades y verdadero conocimiento este ser es obtenido, pues el ser de los limpios de corazón es puro y radiante como una luz en el interior del cuerpo.

5. "La verdad prevalece, no la mentira; por la verdad el camino es señalado, el mismo camino de los dioses en el cual los viejos sabios satisfacieron sus deseos y alcanzaron el lugar supremo donde mora el Verdadero.

6. "Allí mora él, majestuoso, divino, inalcanzable, más pequeño que lo pequeño, oculto en la cueva del corazón para aquellos que lo pueden ver.

7. "No puede ser visto con estos sentidos ni alcanzado mediante austeridades o buenas acciones. Cuando la naturaleza del hombre ha sido purificada con la serena luz del conocimiento, entonces éste le puede ver y meditar en él.

8. "Este Ser sutil tiene que ser conocido mediante la meditación en el aliento interior; los pensamientos no pueden alcanzarle, pues cada pensamiento de los hombres está entrelazado con los sentidos; mas cuando los pensamientos son purificados, el Ser es alcanzado.

9. "Cuando un hombre cuya naturaleza ha sido purificada alcanza ese estado, todo aquello que desea es obtenido. Por consiguiente todos aquellos que deseen la felicidad deben adorar al hombre que conoce al Ser.

SEGUNDO KHANDA

1. "Aquel, el conocedor del Ser, conoce esa suprema morada de Brahma donde todas las formas están contenidas y todo brilla en su máxima plenitud. Los sabios, sin desear la felicidad, adoran a esa Persona, trascendiendo su propia semilla (no nacen de nuevo)

2. "Quien forma deseos en su mente nace de nuevo, a causa de sus deseos, en esta tierra. Pero para aquél cuyos deseos han sido satisfechos y que es consciente del Ser interior verdadero, todos sus deseos se desvanecen, incluso aquí en esta tierra.

3. "Ese Ser no puede ser obtenido mediante los Vedas, ni por comprensión ni estudio. Sólo aquel a quien el Ser escoge puede alcanzar el Conocimiento Supremo, pues el Ser le ha escogido (su cuerpo) como su propia morada.

4. "Tampoco ese Ser puede ser obtenido por aquel que está falto de fuerza, seriedad o correcta meditación. Pero si un sabio lucha con estos medios (fuerza, seriedad y recta meditación), ciertamente su Ser entrará en la morada de Brahma.

5. "Consciente de su Ser, las pasiones del sabio han desaparecido; tranquilo está, pues ha llegado a aquél que es omnipresente y en él mora ya para siempre.

6. "Habiendo purificado ya su naturaleza con el Yoga de la realización, todos los anacoretas, gozando de la inmortalidad suprema en esta vida, hallan la liberación en el momento del gran final (muerte).

7. "Sus quince partes entran en sus correspondientes elementos y sus Devas (sentidos) entran en sus correspondientes Devas. De este modo sus acciones y su ser se unen al supremo imperecedero.

8. "Igual que los ríos fluyen y acaban por desaparecer en el mar, per-

diendo su nombre y su forma, así el sabio, liberado de su nombre y forma, se funde en la divina Persona, más grande que lo grande.

9. "Aquel que conoce a ese supremo Brahma, se convierte en Brahma. En su raza nadie nacerá ignorante de Brahma. Traspasará el dolor y el mal, se liberará de las llagas del corazón y se convertirá en inmortal.

10. "Esto es declarado en los siguientes versos: 'Que sea revelada esta ciencia de Brahma sólo a aquellos que están establecidos firmemente en Brahma ofreciéndole continuamente su amor y devoción'.

11. "El sabio Angiras reveló esta verdadera ciencia a los hombres. ¡Adoración a los supremos rishis!"[9]

TAITTIRIYAKA UPANISHAD

PRIMER VALLI
O EL CAPÍTULO SOBRE SIKSHA
(PRONUNCIACIÓN)

PRIMER ANUVAKA

1. ¡Hari, Om! Que Mitra nos sea propicio, así como Veruna, Aryaman, Indra, Brihaspati y el todopoderoso Vishnu.

¡Adoración a Brahma! ¡Adoración a ti, oh Vayu (aire)! ¡Tú eres en verdad el invisible Brahma, el único de quien proclamará la gloria! Proclamaré la verdad y el bien. ¡Protégeme!

¡Protege también a mi maestro! ¡Protégeme a mí y a mi maestro! ¡Om! ¡Paz! ¡Paz! ¡Paz!

SEGUNDO ANUVAKA

1. ¡Om! Expliquemos Siksha, la doctrina de la pronunciación, esto es, la letra, el acento, la cantidad, el esfuerzo (en la formación de las letras), la modulación y la unión de las letras (sandhi). Esta es la enseñanza sobre Sixsha.

TERCER ANUVAKA

¡Que la gloria alcance a ambos (maestro y discípulo)! ¡Que la luz de los Vedas nos ilumine a los dos!

Expliquemos ahora los Upanishads (el significado secreto) de la unión de las cinco cabezas, de los mundos,, de las luces celestiales, del conocimiento, de la descendencia y del ser (cuerpo). La gente los llama las grandes uniones.

En primer lugar hablemos de la unión de los mundos. La tierra es el primer elemento, el cielo el último y el éter la unión entre ambos.

2. Esa unión tiene lugar a través de Vayu (el aire). Hasta aquí todo lo que se refiere a los mundos.

A continuación lo que se refiere a las luces celestiales. Agni (el fuego) es el primer elemento, Aditya (el sol) el último, y el agua la unión entre ambos. Esta unión tiene lugar a través del relámpago. Hasta aquí todo lo que se refiere a las luces celestiales.

Ahora hablemos del conocimiento. El maestro es el primer elemento.

3. El alumno es el último y el conocimiento la unión entre ambos. Esa unión tiene lugar a través de la recitación de los Vedas. Hasta ahí todo lo que se refiere al conocimiento.

Hablemos ahora de la descendencia. La madre es el primer elemento, el padre el último y la descendencia su unión. Esa unión tiene lugar a través de la procreación. Hasta ahí todo lo que se refiere a la descendencia.

4. Hablemos ahora del Ser (cuerpo). La mandíbula inferior es el primer elemento, la mandíbula superior el último y el habla su unión. Esa unión tiene lugar a través del habla. Hasta ahí todo lo que se refiere al Ser. Estos son los grandes Samhitas. Quien conoce estos Samhitas (uniones) tal como aquí son explicados, halla la unión con su descendencia, ganado, luz védica, alimento y el mundo celestial.

CUARTO ANUVAKA

1. Que el fuerte toro de los Vedas, aquel que surgió de los Vedas y del Inmortal, me fortalezca con su sabiduría. ¡Oh Dios, elévame hasta la inmortalidad!

¡Fortalece mi cuerpo, endulza mi lengua y agudiza mis oídos!

Tú eres el santuario de la sabiduría. ¡Guarda en él todo lo que he aprendido a través de ti!

2. Igual que la felicidad se acerca y distribuye con presteza vestidos, vacas, comida y bebida, así tráeme tú tu ganado, oh Svaha. ¡Que los

estudiosos de Brahma vengan a mí, oh Svaha! ¡Que vengan de todas partes, Svaha! ¡Que vengan y disfruten de la Paz!

3. ¡Sea yo glorioso entre los hombres, Svaha! ¡Sea más rico que los ricos! ¡Que pueda entrar en tu reino, pues tú eres mi tesoro, Svaha! ¡Tú, tesoro de los tesoros, entra en mí! ¡Tú eres el árbol de mil ramas, en ti hallo la purificación! ¡Como el agua desciende por los valles, como los meses descienden por el año así, oh preservador del mundo, vengan a mí los estudiosos de Brahma!

Tú eres mi refugio. Ilumíname! ¡Toma posesión de mí!

QUINTO ANUVAKA

1. Bhu, Bhuvas, Suvas, éstas son las sagradas interjecciones (Viahrypi) Mahakamasya enseñó una cuarta, Maha, que es Brahma, el Ser; los demás (devatas) son sus miembros.

Bhu es este mundo, Bhuvas es el firmamento y Suvas el otro mundo.

2. Mahas es el sol. Todos los mundos son alimentados por él. Bhu es Agni (el fuego), Bhuvas es Vayu (el aire) y Shuvas es Aditya (el aire). Mahas es la luna. Todas las luces celestes son alimentadas por la luna.

Bhu es los Rik-versos, Bhuvas es los Saman-versos y Suvas los Yagus-versos.

3. Mahas es Brahma. Así pues, todos los Vedas son alimentados por Brahma. Bhu es Prana (la inspiración), Bhuvas es Apana (expiración) y Suvas Vyana (respiración profunda). Mahas es la comida. Por consiguiente las respiraciones son alimentadas por la comida.

Estas son pues las cuatro sagradas interjecciones. Quien las conoce, conoce a Brahma. Ciertamente todos los Devas[10] le ofrecen sacrificios.

SEXTO ANUVAKA

1. En el corazón está el éter, y en él mora la Persona (purusha), que consiste en mente, cuerpo y espíritu.

Entre los dos paladares se halla la úvula, que es el punto que conduce a Indra (el señor). Allí donde se divide la raíz del cabello, él abre los dos lados de la cabeza, y diciendo Bhu, entra en Agni (el fuego); diciendo Bhuvas entra en Vayu (el aire).

2. Y diciendo Suyas entra en Aditya (el sol); diciendo Mahas, entra en Brahma. Allí el hombre obtiene la conciencia del Señor. Allí se convierte en señor de la mente, señor del habla, señor de la acción, señor del oído, señor del Conocimiento, y aún mucho más que esto. Allí reside Brahma, cuyo cuerpo es éter y cuya naturaleza es verdadera. Allí está el Supremo, regocijándose en los sentidos (Prana), deleitándose en la mente, en paz perfecta, pues él es el Inmortal. ¡Adórale así, oh Prakinayogya!

SÉPTIMO ANUVAKA

1. La tierra, el cielo, el firmamento, los cuatro puntos cardinales y los cuatro puntos intermedios, Agni (el fuego), Vayu (el aire), Aditya (el Sol), Kandramas (la Luna) y las estrellas, el agua, las hierbas, los árboles, el éter, el Ser universal: todo esto se refiere a los objetos materiales.

Ahora hablemos del Ser (el cuerpo). Estos son sus componentes: Prana (inspiración), Apana (respiración hacia abajo), Vyana, (aliento profundo), Udana (respiración hacia el exterior), Samana (respiración hacia el interior), el ojo, el oído, la mente, el habla y el tacto, la piel, la carne, los músculos, los cuerpos, y la médula. Habiendo habitado en éstos (la división de los mundos en cinco partes: los dioses, los seres, las respiraciones, los sentidos y elementos del cuerpo), un Rishi[11] dijo: "Todo lo que existe es divisible en cinco partes".

Mediante una división en cinco partes (que hacen referencia al cuerpo), él completa las otras series de cinco.

OCTAVO ANUVAKA

1. Om significa Brahma.

2. Om significa todo esto.

3. Om significa obediencia. Cuando se les ha dicho: "Om, habla", ellos hablan.

4. Después de Om cantan Samans.

5. Después de Om recitan himnos.

6. Después de Om el Adhvaryu da la respuesta.

7. Después de Om el sacerdote de Brahma da las órdenes.

8. Después de Om el sacrificador permite que se realice el Agnihotra.[12]

9. Cuando un brahmín va empezar su discurso dice:

10. "Om, obtenga yo Brahma". De este modo obtiene la sabiduría védica.

NOVENO ANUVAKA

1. ¿Qué es lo necesario? El Bien y el aprendizaje y práctica de los Vedas. La verdad y el aprendizaje y práctica de los Vedas. Las austeridades y aprendizaje y práctica de los Vedas. La tranquilidad y el aprendizaje y práctica de los Vedas. Los fuegos para ser consagrados y el aprendizaje y práctica de los Vedas. El Agnihotra (sacrificio del fuego) y el aprendizaje y práctica de los Vedas. La hospitalidad y el aprendizaje y práctica de los Vedas. Los deberes del hombre y el aprendizaje y práctica de los Vedas. Enseñar a los hijos y el aprendizaje y práctica de los Vedas.

El matrimonio y el aprendizaje y práctica de los Vedas.

Satyavakas Rathitara cree que sólo la verdad es necesaria. Taponitya Paurasishti cree que sólo las austeridades son necesarias. Naka Maudgalya cree que sólo el aprendizaje y práctica de los Vedas son necesarios, pues esto son las austeridades, las verdaderas austeridades.

DÉCIMO ANUVAKA

1. Yo soy el que agita el árbol (el árbol del mundo que tiene que ser cortado por el Conocimiento).

2. Mi gloria es como la cima de una montaña.

3. Yo soy la luz pura del Conocimiento que se ha elevado en los cielos; yo soy el verdadero, el inmortal, aquel que reside en el sol.

4. Yo soy el tesoro más brillante.

5. Yo soy el sabio, el eterno, el imperecedero.

6. Esta es la enseñanza de los Vedas, transmitida por el poeta Trisanku.

UNDÉCIMO ANUVAKA

1. Después de haber enseñado los Vedas el Maestro instruye así al alumno: "¡Di siempre la verdad! ¡Cumple con tu deber! ¡No seas negligente en el estudio de los Vedas! Después de haber ofrecido a tu maestro su propia recompensa, no cortes la línea de tu descendencia. ¡No te apartes de la verdad! ¡No te apartes de tu deber! ¡No seas negligente en lo que es útil! ¡No seas negligente en la grandeza! ¡No seas negligente en el aprendizaje y enseñanza de los Vedas!

2. "¡No seas negligente en las acciones que se deben a los Dioses y a los Padres! ¡Que tu madre sea como una diosa para ti! ¡Que tu padre sea también un dios para ti! ¡Que tu maestro sea otro dios! ¡Que tu huésped sea también como un dios! Las buenas acciones deben ser seguidas, no otras; pues nada más nos llevará a la liberación.

3. "Hay brahmines mejores que nosotros. Deben ser atendidos por ti dándoles un asiento. Lo que les des dáselo con fe, o más aún, con alegría, modestia y gentileza. Si hubiera alguna duda en tu mente con respecto a algún acto sagrado o a conducta, compórtate como un brahmín que posee recto juicio.

4. "Dedícate al estudio pero no seas demasiado severo. Mantén siempre tu mente sujeta. Esta es la verdadera enseñanza (Upanishad). Este es el mandato. Esto es lo que deberías observar."

DUODÉCIMO ANUVAKA

1. ¡Que Mitra nos sea propicio, y Varuna, Aryaman, Indra, Brihaspati y el todopoderoso Vishnu! ¡Adoración a Brahma! ¡Adoración a ti, oh Vayu! ¡Tú eres en verdad el invisible Brahma! De ti proclamo tu gloria como el visible Brahma.

Proclamo la verdad y el bien, pues tú me has protegido. Tú has protegido a mi maestro. Sí, tú me has protegido y has protegido a mi maestro. ¡Paz! ¡Paz!

SEGUNDO VALLI
O EL CAPÍTULO SOBRE ANANDA
(DICHA)

¡Hari, Om! ¡Que Brahma nos proteja a ambos (maestro y discípulo)! ¡Que Él nos dé el gozo a ambos! ¡Adquiramos fuerza juntos! ¡Ilumine Él nuestro Conocimiento! ¡Que nunca surjan disputas entre nosotros! ¡Paz! ¡Paz! ¡Paz!

PRIMER ANUVAKA

Quien conoce a Brahma alcanza lo supremo. El siguiente verso así lo recuerda:

"Quien conoce a Brahma, que es lo consciente, que no tiene fin, que está oculto en lo profundo, en el corazón, en el éter más elevado, que goza de todas las bendiciones, se hace uno con el omnisciente Brahma."

De ese Ser surgió el éter, del éter el aire, del aire el fuego, del fuego el agua, del agua la tierra; de la tierra las hierbas, de las hierbas la comida, de la comida la semilla y de la semilla el hombre.

Por consiguiente, el hombre consiste en la esencia de la comida. Sobre esto existe el Sloka siguiente:

SEGUNDO ANUVAKA

"De la materia surgen todas las criaturas que habitan en la tierra. Todas viven de la materia y al final a ella retornan. Así, pues, la materia es el más viejo de todos los seres, por lo cual se le llama la panacea."

Aquellos que adoran a la materia como Brahma obtienen toda la comida, pues la comida o la materia es lo más antiguo de todos los seres. De la materia son producidas todas las criaturas y por la materia, cuando nacen, pueden crecer y desarrollarse. La materia alimenta a todos los seres, por lo cual también se le llama comida o alimento.

Distinto de la materia es el Ser interior, que consiste en el aliento. La materia está llenada por él y tiene la forma del hombre. Prana es su cabeza (la respiración superior), Vyana (la respiración inferior) es su brazo derecho, Apana (la respiración profunda) es su brazo izquierdo, el éter es su tronco y la tierra su pedestal.

Sobre esto existe el Sloka siguiente:

TERCER ANUVAKA

"El aliento es la vida de todos los seres, y por consiguiente es llamado Sarvayusha.

Aquellos que adoran el aliento como Brahma, obtienen la vida completa, pues el aliento da vida a todos los seres, por lo cual es llamado Sarvayusha." El Ser que mora en la respiración es el mismo que está en el alimento.

Distinto a aquel que existe en el aliento es el Ser interior, que existe en la mente. El primero es llenado por éste y tiene asimismo la forma de hombre. Como la forma humana del primero es la forma humana del segundo. Yagus es su cabeza, Rik su brazo derecho y Sama su brazo izquierdo. La doctrina es su tronco y los himnos atárvicos, sus extremidades.

Sobre esto existe un famoso verso:

CUARTO ANUVAKA

"Quien conoce a Brahma, cuya dicha ni el habla ni la mente podrán nunca alcanzar, nada tiene que temer." El Ser personificado de éste (que consiste en la mente) es el mismo que el anterior (que consiste en el aliento).

Distinto de éste, que consiste en la mente, es el Ser interior que consiste en la comprensión. El primero es contenido por éste. Tiene también forma de hombre. Como la forma humana del primero es la forma humana del segundo. La fe es su cabeza, el bien su brazo derecho, la verdad su brazo izquierdo, la contemplación el tronco y la grandeza su pedestal. Sobre esto existen los versos siguientes:

QUINTO ANUVAKA

"La comprensión hace posible el sacrificio y todos los actos sagrados. Todos los Devas adoran la comprensión como la cualidad más antigua de Brahma. Si un hombre conoce la perfección de Brahma y no se aparta de ella, se libera de todos los males y realiza todos sus deseos."

El Ser personificado de éste (que consiste en la comprensión) es el mismo que el anterior (que consiste en la mente). Distinto de éste, la comprensión es el otro Ser interior, que consiste en la dicha. El primero es contenido por éste. Tiene también la forma de hombre. Como la forma humana del primero es la forma humana del segundo. La alegría es su cabeza, la satisfacción humana su brazo derecho, la satisfacción divina su brazo izquierdo, la dicha el tronco y Brahma su trono.

Sobre esto existen los siguientes versos:

SEXTO ANUVAKA

"Quien conoce a Brahma como lo no-existente, se convierte él mismo en no-existente. Quien conoce a Brahma como existente, se conoce a sí mismo como existente." El Ser personificado de éste (la dicha) es el mismo que el anterior.

En este punto el discípulo se hace estas preguntas: "¿Acaso alcanza ese mundo aquel que ha muerto sin conocer? ¿O por ventura alcanza ese mundo aquel que ha muerto conociendo?"

Esta es la respuesta. Brahma tuvo un deseo: quiso multiplicarse y crecer. Así fue como de su propio Ser creó todo lo que existe. Cuando lo hubo manifestado todo, entró en su Ser interior, convirtiéndose en Sat (lo manifiesto) y Tyat (lo manifiesto), lo definido y lo indefinido, lo que tiene conocimiento y lo que no tiene conocimiento (como las piedras), lo real y lo irreal. Sattya (la verdad) se convirtió en todo eso, por lo cual los sabios llaman a Brahma Sat-tya (la verdad).

Sobre esto hay unos versos:

SÉPTIMO ANUVAKA

"En el principio era lo no-existente (todavía no definido por la forma y el nombre). De él nació lo que existe. Brahma formó su propio Ser, por lo cual se le llama 'el que se creó a sí mismo'." Lo que es autocreado tiene un sabor (puede ser gustado), pues sólo percibiendo el sabor se puede gozar del placer ¿Quién podría respirar si la dicha (Brahma) no existiera en el éter? Él sólo es la causa de la dicha.

Cuando el Ser se halla libre del miedo y descansa en lo invisible, incorpóreo e indefinido, obtiene perenne serenidad. Pero si hace la más mínima distinción entre su ser y el Ser universal, el miedo se apodera de él. Sin embargo, el miedo sólo existe en aquellos que se creen sabios (no en los verdaderos sabios).

Sobre esto hay unos versos:

OCTAVO ANUVAKA

"Del terror de él (Brahma), sopla el viento y surge el sol; del terror de él surge Agni e Indra."

He aquí una explicación de lo que es la Dicha (Ananda):

Un joven noble, bien instruido en los Vedas, sabio, firme y fuerte, con todas las riquezas de este mundo a su disposición, equivale a una medida de la dicha humana.

Cien veces esa dicha humana es una medida de la dicha de los Gandharvas humanos (genios), y también de un gran sabio libre de todos los deseos.

Cien veces la dicha de los Gandharvas[13] divinos es una medida de la dicha de los Patriarcas, y también de un gran sabio libre de deseos.

Cien veces la dicha de los Patriarcas es una medida de la dicha de los Devas,[14] nacidos en el cielo (por el mérito de sus justas acciones) y también de un gran sabio libre de sus deseos.

Cien veces la dicha de los Devas, nacidos en el cielo, es una medida de la dicha de los Devas de los sacrificios, que se convierten en Devas por el mérito de sus sacrificios, y también de un gran sabio libre de deseos.

Cien veces la dicha de los Devas del sacrificio es una media de la dicha de los treinta y tres Devas, y también de un gran sabio libre de deseos.

Cien veces la dicha de los treinta y tres Devas es una medida de la dicha de Indra,[15] y también de un gran sabio libre deseos.

Cien veces la dicha de Indra es una medida de la dicha de Brihaspati, y también de un gran sabio libre de deseos.

Cien veces la dicha de Brihaspati[16] es una medida de la dicha de Pragapati, y también de un gran sabio libre de deseos.

Cien veces la dicha de Pragapati[17] es una medida de la dicha de Brahma, y también de un gran sabio libre de deseos.

Quien es esto (Brahma) en el hombre, y quien es eso Brahma) en el sol, son uno y lo mismo.

Quien conoce esto cuando abandona este mundo, alcanza y comprende el Ser, que consiste en alimento, aliento, mente, comprensión y dicha.

Sobre esto hay unos versos:

NOVENO ANUVAKA

"Quien conoce la dicha de Brahma, de donde procede el habla y la mente, no tiene nada que temer en este mundo mortal."

En verdad no conoce sufrimiento alguno causado por los pensamientos: ¿por qué no hice lo que era bueno o por qué no hice lo que era malo? Quien supera lo bueno y lo malo, alcanza la liberación. Esto es el Upanishad.

TERCER VALLI
(O EL CAPÍTULO DE BHRIGU)

¡Hari, Om! ¡Que Brahma nos proteja! ¡Que ambos alcancemos la dicha y adquiramos la fuerza de la sabiduría! ¡Que nuestro Conocimiento resplandezca! ¡Que entre nosotros nunca surja la discrepancia! ¡Paz! ¡Paz! ¡Paz!

PRIMER ANUVAKA

Bhrigu Varuni fue a su padre Varuna y le dijo: "Señor, muéstrame a Brahma". Aquél le dijo: "El alimento, el aliento, el ojo, el oído, la mente y el habla son Brahma".[18]

Después prosiguió: "Aquello de donde surgen todos los seres, aquello por lo cual, cuando nacen, viven, aquello en lo cual entran cuando mueren, eso es Brahma. Trata de conocerlo".

Varuni hizo penitencia. Tras lo cual...

SEGUNDO ANUVAKA

Conoció que el alimento es Brahma, pues del alimento surgen todos los seres; por el alimento los seres viven al nacer, y en el alimento entran al morir.

Conociendo esto, se acercó de nuevo a su padre Varuna y le dijo: "Señor, muéstrame a Brahma". Aquél le dijo: "Trata de hacer penitencia, pues la penitencia es (el medio de conocer a) Brahma".

Bhrigu Varuni hizo penitencia. Sometiendo su cuerpo a las austeridades...

TERCER ANUVAKA

Supo que el aliento es Brahma, pues del aliento surgen todas las cosas; por el aliento, al nacer, viven y en el aliento entran al morir.

Conociendo esto fue de nuevo a su padre Varuna y le dijo: "Señor, enséñame a Brahma". Aquél le dijo: "Trata de conocer a Brahma haciendo penitencia, pues la penitencia es (el medio de conocer a) Brahma".

Bhrigu Varuni hizo penitencia. Tras lo cual...

CUARTO ANUVAKA

Conoció que la mente (manas) es Brahma, pues de la mente nacen los seres; por la mente, al nacer, viven, y en la mente entran al morir.

Conociendo esto, fue de nuevo a su padre Varuna y le dijo: "Señor, muéstrame a Brahma". Aquél le respondió: "Trata de conocer a Brahma haciendo penitencia, pues la penitencia es (el medio de conocer a) Brahma".

De este modo, haciendo penitencia...

QUINTO ANUYAKA

Conoció que la comprensión (vigñana) es Brahma, pues de la comprensión nacen los seres; por la comprensión, cuando nacen, viven y en la comprensión entran cuando mueren.

Conociendo esto, fue de nuevo a su padre Varuna y le dijo: "Señor, enséñame a Brahma". Aquél le respondió: "Trata de conocer a Brahma haciendo penitencia, pues la penitencia es (el medio de conocer a) Brahma".

Así lo hizo, y después de hacer penitencia...

SEXTO ANUVAKA

Conoció la dicha de Brahma, pues de la dicha nacen los seres; por la dicha cuando nacen, viven, y en la dicha entran cuando mueren.

Este es el Conocimiento de Bhrigu y Varuna, glorificado en el cielo más elevado. Quien conoce esto obtiene la glorificación de su ser, colmándose de alimento, salud, ganado y descendencia; en verdad, grande es su fama, pues en él florece el Conocimiento de Brahma.

SÉPTIMO ANUVAKA

Que nunca se abuse de la comida, esa es la regla.

El aliento es la verdadera comida del cuerpo, pues el cuerpo descansa en el aliento y el aliento descansa en el cuerpo. En verdad el verdadero alimento es el que descansa en el alimento mismo. Quien conoce el alimento que descansa en el alimento, obtiene la glorificación de su ser, haciéndose rico en alimento, salud, ganado y descendencia; en verdad grande es su fama, pues en él florece el conocimiento de Brahma.

DÉCIMO ANUVAKA

1. Da siempre hospitalidad al extranjero, esa es la regla. Por consiguiente, un hombre debe disponer siempre de comida para aquellos que llaman a sus puertas. Si ofrece comida en abundancia, así le será ofrecido a él. Si en cambio ofrece poca comida, con esa medida le será ofrecido a él.

2. Quien conoce esto, reconoce a Brahma en todas las acciones; en verdad le reconoce en el habla y en el respirar, en las acciones de las manos y en el caminar de los pies, así como en el evacuar del ano. Estas son las manifestaciones humanas de Brahma. A éstas siguen las manifestaciones de Brahma en los Devas,[19] tales como el poder de la lluvia o el relámpago.

3. La gloria en el ganado y la luz en las estrellas, la procreación, la inmortalidad y el todo en el éter. Quien le adora como el sostén de todo, así será él sostenido. Adórale como la grandeza y serás ande.

4. Adórale como la adoración, y todos los deseos se inclinarán a ti en adoración. Adórale como Brahma y obtendrás la esencia de Brahma. En verdad quien le adora como la fuente de todos los dioses, verá perecer a todos sus enemigos.

Quien es eso (Brahma) en el hombre y quien es eso (Brahma) en el sol, son uno y lo mismo.

5. Quien conoce eso al abandonar este mundo después de haber alcanzado y comprendido al Ser que consiste en el alimento tomado por el aliento, la mente, la comprensión y la dicha entra y toma posesión de los tres mundos, donde obtiene tanto alimento como le place y asume las formas que desea; en verdad su cuerpo reposa y su alma canta este Sama (de Brahma): "¡Havu, havu, havu!

6. "¡Yo soy el alimento, yo soy el alimento, yo soy el alimento! ¡Yo soy el que come el alimento, yo soy el que come el alimento, o soy el que come el alimento! ¡Yo soy el poeta, yo soy el poeta, yo soy el poeta! Yo soy el primogénito del Bien. Antes de los Devas estaba en el centro de todo lo inmortal. A quien revela mi Ser, a él sustento, mas a quien sólo vive de comida, a él yo como como alimento.

"Estoy más allá de los mundos en forma de luz dorada Quien esto conoce, obtiene la liberación." Este es el Upanishad.

BRIHADARANYAKA UPANISHAD

PRIMER ADHAYA

PRIMER BRAHMANA

1. "En verdad la aurora es la cabeza del caballo listo para el sacrificio, siendo el sol su ojo; el viento es el aliento del animal la boca el fuego, y el año su cuerpo. El cielo es su espalda, el firmamento el vientre, la tierra el pecho, y los cuatro untos cardinales los lados del cuerpo; los puntos intermedios las costillas, los miembros las estaciones, los tendones, los meses y las mitades de los meses; los pies los días y las noches, los huesos las estrellas, y la carne, las nubes; la comida semidigerida es la arena, los ríos los intestinos, el hígado y los pulmones las montañas, y los cabellos, las hierbas y los árboles. Cuando el sol se levanta, es la frente; cuando se pone, la parte posterior del caballo. Cuando el caballo tiembla, es el relámpago; cuando da coces, el trueno; cuando hace agua, la lluvia; cuando sopla el viento es la voz del animal

2. "En verdad el Día surgió, después del caballo, en forma de vasija dorada, llamada Mahiman, la cual se coloca para el sacrificio delante del caballo. Su lugar está en el mar de Oriente. La Noche surgió después del caballo, en forma de vasija plateada, llamada Mahiman, la cual se coloca para el sacrificio detrás del caballo. Su lugar está en el mar de Occidente. En verdad estas dos vasijas surgieron a ambos lados del caballo.

Como corredor de caballos, Brahma llamó a los Devas; como semental, a los Gandharvas; como corredor pedestre, a los Asuras; como caballo, a los hombres. El mar es la prole el animal y su lugar de origen.

SEGUNDO BRAHMANA

1. En el principio no había nada. Por la Muerte todo esto estaba callado. La Muerte (el primer ser) pensó: "Deseo tener un cuerpo". Así pues, se postró en adoración. De aquella adoración nació el agua. Al ver el agua, exclamó: "En verdad el agua ('ka') se apareció a mí mientras estaba en adoración ('arkate')". Por este motivo el agua se llama "arka". Ciertamente halla el placer quien conoce la razón por la cual el agua se llama "arka".

2. En verdad el agua es "arka". Y lo que entonces era la espuma del agua se endureció convirtiéndose en tierra. En la tierra descansó la Muerte, y de su descanso y calor nació el fuego, Agni, lleno de luz.

3. Aquel ser se dividió en tres: Aditya (el Sol), Vayu (el aire) y Agni (el fuego). A su vez el espíritu (prana) se dividió en tres: la cabeza fue el Oriente y los dos brazos el norte y el sur del Oriente; la cabeza fue el Occidente, y las dos piernas el norte y el sur del Occidente; los dos lados fueron el Sur y el Norte; la espalda el cielo, el vientre el firmamento y el polvo la tierra. De este modo, la Muerte permanece firme en el agua. Quien esto conoce, permanece firme adondequiera que vaya.

4. La Muerte tuvo un deseo: "Que un segundo cuerpo nazca de mí". De este modo formó el Habla en su mente, convirtiéndose la semilla en el año. Antes de aquel tiempo no existían los años. El Habla tardó en formarse un año. Cuando aquélla nació, la Muerte abrió la boca para tragársela. Entonces aquélla gritó: "¡Bhan!" y así se formó el Habla.

5. La Muerte pensó: "Si la mato, tendré muy poca comida. Por consiguiente, del habla y del cuerpo (el año) hizo surgir todo lo que existe: los Vedas, los himnos, los versos, los sacrificios, los hombres y los animales. Y todo lo que la Muerte hizo surgir, todo decidió comérselo. Así es en verdad, pues la Muerte lo engulle todo. Por esta razón a la Muerte se la llama Aditi. Quien conoce por qué a la Muerte se la llama Aditi, obtiene el poder de comerlo todo; ciertamente todo se convierte en su comida.

6. La Muerte deseó ofrecer otro gran sacrificio.[20] Así pues, de las grandes penitencias que hizo surgió un gran poder de ella. Ese poder son los sentidos (prana). Cuando todos los sentidos hubieron surgido, el cuerpo empezó a tragarlos a todos. Así fue como la mente quedó en el cuerpo, y desde entonces ésa es su morada.

7. Deseó que este cuerpo fuera apto para el sacrificio (medhya). Entonces se convirtió en un caballo (asva) porque empezó a tragar (asvat) y es apto para el sacrificio (medhya). Por eso al sacrificio del caballo se le llama Asva-medha.[21]

En verdad quien esto conoce, conoce el asva-medha. La Muerte soltó entonces al caballo y al cabo de un año se lo ofreció en sacrificio a sí misma, dejando a los otros animales para ser sacrificados a las deidades. Por consiguiente los sacrificadores ofrecieron el caballo purificado que pertenecía a Pragapati,[22] a todas las deidades.

En verdad el sol radiante es el sacrificio Asvamedha, y su cuerpo es el año; Agni es el fuego del sacrificio y estos mundos son sus cuerpos. Estos dos son el fuego del sacrificio y el sacrificio Asvamedha, que a su vez son una deidad, la Muerte. Quien esto conoce, traspasa las barreras de la muerte; ciertamente, la muerte no le alcanza, convirtiéndose en una de esas deidades.

TERCER BRAHMANA

1. Había dos clases de descendientes de Pragapati,[23] los Devas[24] y los Asuras.[25] Los Devas eran los más jóvenes y los Asuras, los mayores. Los Devas, que estaban luchando en estos mundos, dijeron: "Venzamos a los Asuras en los sacrificios, cantando los himnos (udgitha)".

2. Aquellos dijeron al habla (Vak): "Canta para nosotros los himnos (udgitha)". Asintió el habla y cantó los udgitha para ellos. Todo deleite que existe en el habla, aquella lo obtuvo para los Devas cantando (los tres pavamanas); pero hubo otros himnos que aún pronunció mejor (los otros nueve pavamanas), cuya gloria se reservó para sí misma. Los Asuras se percataron y exclamaron: "En verdad, con este cantor nos vencerán". Entonces se precipitaron contra él, llenándole de maldad. De este modo, hay un mal que consiste en decir lo que no es verdad.

3. Entonces los Devas dijeron al aliento (perfume): "Canta para nosotros". Asintió el aliento (perfume). Así, pues, el deleite que existe en el olfato aquél lo obtuvo para los Devas cantando; mas lo que olía mejor se lo reservó para él. Los Asuras se percataron: "Ciertamente, con este cantor nos vencerán". Entonces se precipitaron contra el can-

tor, llenándole de maldad. De este modo hay un mal que consiste en oler lo que es malo.

4. Entonces dijeron al ojo: "Canta para nosotros". "Sí", dijo el ojo y cantó. El placer que hay en la visión lo obtuvo él para los Devas cantando; pero lo más hermoso que vio lo reservó para sí mismo. Los Asuras se dieron cuenta y exclamaron: "En verdad, con este cantor nos vencerán". Entonces le rodearon y le traspasaron con el mal. De este modo, hay un mal que consiste en ver lo que es malo.

5. Entonces invitaron al oído: "Canta para nosotros". Asintió el oído, y cantó. Todo el deleite que hay en el oído, lo obtuvo él para los Devas cantando; pero lo mejor que oyó lo reservó para sí mismo. Los Asuras, conociendo aquello, dijeron: "Verdaderamente con este cantor nos vencerán". Entonces corrieron hacia el cantor y le llenaron de maldad. De esta forma hay un mal que consiste en escuchar lo perverso."

6. Entonces dijeron a la mente: "Canta para nosotros". "sí", dijo la mente, y cantó. El deleite que se halla en la mente, lo obtuvo él para los Devas cantando; pero lo mejor que pensó lo reservó para sí mismo. Los Asuras, sabiéndolo, exclamaron: "En verdad, con este cantor nos vencerán". Entonces le rodearon y le llenaron de maldad. Así hay un mal que consiste en pensar lo perverso.

De esta forma los Asuras sumieron a esas deidades en el mal, llenándolas de maldad.

7. Entonces los Devas dijeron al aliento vital: "Canta para nosotros". Asintió el aliento, y cantó. Los Asuras, conociendo aquello, exclamaron: "Ciertamente, con este cantor nos vencerán". Entonces corrieron hacia él y le llenaron de maldad. Sin embargo, como una bola de barro que da con una piedra, rompiéndose en mil pedazos, de igual modo aquellos perecieron, esparciéndose sus pedazos en todas direcciones. De esta forma los Devas se levantaron altivos, mientras los Asuras se precipitaron en el abismo. Quien conoce esto, se eleva por su ser; en verdad su enemigo más odiado es sumido en el abismo.

8. Entonces los Devas inquirieron: "¿Dónde está aquel que os ha salvado?" Su salvador era el aliento que mora más allá del interior de la boca ("asye'ntar"), por lo cual es llamado Ayasya; él es la sabia ("rasa") que da vida a las partes del cuerpo ("anga"), por lo cual es llamado Angirasa.

9. Esa deidad fue llamada Dur, pues la Muerte fue alejada ("duran") de ella. Quien conoce esto, no puede ser alcanzado por la muerte.

10. Esa deidad, después de sacar el mal de aquellas deidades, envió a la muerte a los cuatro confines de la tierra. Allí depositó sus pecados. Por consiguiente, nadie debe ir hasta los confines de la tierra, pues en ellos mora la muerte.

11. La deidad que mora en el aliento vital, después de sacar el mal de las otras deidades, las llevó más allá de la muerte.

12. Primero liberó al habla. Cuando el habla fue liberada de la muerte se convirtió en lo que había sido anteriormente: Agni (el fuego). Así pues, Agni, después de traspasar los límites de la muerte, brilla en toda su plenitud.

13. Después liberó a la respiración. Cuando la respiración hubo sido liberada de la muerte, se convirtió en Vayu (aire). Vayu, después de traspasar los límites de la muerte, sopla con toda su fuerza.

14. Después liberó al ojo. Cuando el ojo hubo sido liberado de la muerte, se convirtió en Aditya (el sol). Aditya, después de traspasar los límites de la muerte, arde con toda su fuerza.

15. Después liberó al oído. Cuando el oído hubo sido liberado de la muerte, se convirtió en los cuatro puntos cardinales. Estos son nuestros cuatro puntos cardinales, que han traspasado los límites de la muerte.

16. Después liberó a la mente. Cuando la mente fue liberada de la muerte, se convirtió en la luna (Kandramas). La luna, después de traspasar los límites de la muerte, brilla en todo su esplendor. A quien conoce esto, esta deidad le conduce más allá de los confines de la muerte.

17. Entonces el aliento vital entonó su canto y obtuvo alimento comestible para él. Así toda comida es alimento sólo para el aliento, y en el aliento únicamente reposa.

Los Devas dijeron: "En verdad, tú has conseguido obtener la verdadera comida para tu ser. Danos, pues, una parte de esa comida". Aquél respondió: "Entrad dentro de mí" Ellos asintieron y entraron todos dentro de él. Por consiguiente toda comida es alimento para el aliento y por él todos los demás sentidos son satisfechos.

18. Si un hombre conoce esto, se convierte en sustentador de sus familiares; en verdad él es su guía principal y su gobernante. Si alguna vez entre sus propios familiares tratara alguien de oponerse a quien posee este conocimiento, perdería al instante todo lo que poseyera. Sin embargo, quien sigue al hombre que posee este conocimiento en su corazón, obtiene todos los bienes de la tierra.

19. Aquél (el aliento vital) fue llamado Ayasya Angirasa, pues él es la savia ("rasa") de las partes del cuerpo ("anga"). Sí, en verdad el aliento es la savia de los órganos del cuerpo. Por consiguiente aquel órgano que deja de recibir el aliento vital, se seca, pues deja de recibir la savia de los órganos del cuerpo.

20. El aliento es también Brihaspati,[24] pues el habla es Brihaspati (Rig-Veda), y él es su señor; por consiguiente él es Brihaspati.

21. El aliento es también Brahmanaspati, pues el habla es Brahma (Yagur-veda) y él es su señor; por consiguiente él es Brahmanaspati. El aliento es también Saman (los Udgitha), pues el habla es Samari (Sama-veda), que a la vez es el habla (sa) y el aliento (ama). Por este motivo Saman es llamado Saman.

22. O porque es igual (Saman) que un gusano, igual que un elefante, igual que los tres mundos e igual que el universo, por eso es Saman. Quien conoce a Saman, obtiene la unión con él.

23. El aliento es Udghita. En verdad el aliento es Ut, pues el aliento mantiene a este universo; y el aliento es Ghita, el canto. Y puesto que él es "ut" y "ghita", él es Udghita.

24. Así fue como Brahmadatta Kaikitaneya (el nieto de Kikitana), tomando a Soma dijo: "Que Soma me corte la cabeza si Ayasya Angirasa cantara otro Udgitha (himno) distinto. Pues él es en verdad el habla y el aliento".

25. Quien conoce la propiedad de Saman (el aliento), obtiene su poder. En verdad su propiedad es el tono de voz. Por consiguiente, el sacerdote que debe entonar los himnos de Sama ha de desear que su voz tenga un buen tono; debe realizar el sacrificio con un tono de voz perfecto. Por consiguiente quienes busquen a un sacerdote para realizar los sacrificios, deberán asegurarse de que posee buena voz, es decir que su voz posee la propiedad esencial para los sacrificios, pues quien conoce la propiedad de Saman, obtiene la unión con él.

26. Quien conoce el oro de Saman obtiene su poder. En verdad el oro de Saman se halla únicamente en el tono. Quien, pues, conoce el oro de Saman, obtiene su poder.

27. Quien conoce cuál es la base en la que se sostiene Saman, él mismo es sostenido por él. En verdad su sostén está en el habla únicamente, pues el aliento es cantado como Saman. Sin embargo, algunos necios afirman que el sostén es la comida.

Después sigue el Abhyaroha[26] (la ascensión) de los versos Pavamana. En verdad cuando el sacerdote empiece a cantar el Saman, el sacrificador debe recitar estos versos:

"¡Llévame de la irrealidad a la realidad! ¡Llévame de la oscuridad a la luz! ¡Llévame de la muerte a la inmortalidad!"

Cuando aquél dice "Llévame de la irrealidad a la realidad", la irrealidad es en verdad la muerte, y la realidad la inmortalidad.

Por consiguiente, aquél dice: "Llévame de la muerte a la inmortalidad, hazme inmortal."

Cuando él dice: "Llévame de la oscuridad a la luz", la oscuridad es en verdad la muerte y la luz la inmortalidad. Por consiguiente aquél dice: "Llévame de la muerte a la inmortalidad, hazme inmortal".

Cuando él dice: "Llévame de la muerte a la inmortalidad", no hay ningún significado oculto.

28. Después vienen los otros himnos mediante los cuales el sacerdote puede obtener comida para sí mismo. Por consiguiente el sacrificador, mientras se cantan himnos, debe pedir un deseo, cualquier deseo que desee obtener. Un sacerdote que conoce esto obtiene con sus cantos cualquier deseo que quiera alcanzar, ya para sí mismo, ya para el sacrificador. Este conocimiento en verdad se llama el conquistador de los mundos. Quien, pues, conoce este Sama, para él no existe el miedo de no ser admitido al mundo supremo.

CUARTO BRAHMANA

1. En el principio sólo existía el Ser, en la forma de una persona[27] (purusha). Aquélla miró a su alrededor y no vio nada excepto su propio Ser. Lo primero que dijo fue: "Yo soy"; así fue como, pronunciando su nombre, se convirtió en yo. Por consiguiente, si a un hombre se le pregunta, lo primero que dice es: "Yo soy", y luego pronuncia el otro nombre que pueda tener, y puesto que antes de esto ("purva"), él (el Ser) quemó ("ush") todos los seres perversos, así fue como se convirtió en persona ("pur-usha"). En verdad, quien esto conoce, quema todo aquello que intenta anteponérsele.

2. Tuvo miedo; por consiguiente todo aquel que está solo, tiene miedo. Mas pensó: "Si no hay nadie más que yo mismo, ¿por qué tengo miedo?" En verdad el miedo no dura más que un segundo.

3. Pero no sintió deleite alguno. Por consiguiente el hombre que está solo no siente nada agradable. En seguida tuvo un deseo, que se hizo tan grande como un hombre y una mujer juntos. Entonces hizo que su Ser se dividiera en dos ("pat"), y de ahí surgió el marido ("pati") y la esposa ("patri"). Por consiguiente Yagnavalkya dijo: "Los dos somos como las dos mitades de una concha". Así pues, el vacío que antes existía fue llenado por la mujer. Aquél la abrazó y de este modo nacieron los hombres.

4. Ella tuvo un pensamiento: "¿Cómo me puede abrazar, si he salido de su mismo ser? Me esconderé".

Entonces se convirtió en vaca; pero él se convirtió en toro y la abrazó. Así pues, de ahí nacieron las vacas. Ella se convirtió en yegua y él en caballo; ella se convirtió en burra y él en asno. Él la abrazó y de ahí nacieron los animales de una sola pezuña. Ella se convirtió en cabra y él en macho cabrío; ella se convirtió en oveja y él en carnero. Él la abrazó y de ahí nacieron las cabras y las ovejas. De este modo todo lo que existe fue creado en parejas, inclusive las hormigas.

5. Entonces él supo: "Yo soy en verdad esta creación, pues yo creé todo esto". De este modo, él se convirtió en la creación; en verdad quien conoce esto, vive en su propia creación.

6. Más tarde produjo el fuego frotándose las manos. De su boca y de sus senos hizo surgir las llamas. Por consiguiente la boca y las manos no tienen vello, así como los senos.

Cuando dicen: "Ofrece sacrificios a este dios o a este otro", cada uno de los dioses no es más que una manifestación suya, pues él es todos los dioses.

Entonces de la semilla creó todo lo húmedo, esto es, Soma. En verdad en este universo todo es, o bien comida, o bien el ser que la come. Esta es la creación suprema de Brahma, pues él hizo surgir a los dioses de su mejor parte, creando lo inmortal de lo que hasta entonces era sólo mortal.

Por consiguiente, ésta es su creación suprema. Quien conoce esto, vive en su verdadera creación.

7. Todo esto no estaba desarrollado todavía. Se desarrolló por medio de la forma y el nombre, para que los hombres pudieran apreciar mejor cada detalle de su creación.

El (Brahma o el Ser) penetró hasta el fondo de su propia creación, igual que una cuchilla encaja en una caja para cuchillas, o el fuego en el hogar.

Él no puede ser visto, pues es el mismo aliento que respiramos. Cuando hablamos, él es el habla; cuando nos detenemos en contemplación, él es la vista; cuando oímos, él es el oído y cuando pensamos, él es la mente. Todo esto no son sino nombres que se dan a las manifestaciones de sus actos. Sin embargo, quien le adora como a una de sus manifestaciones, no le conoce en verdad, pues él está más allá de sus cualidades. Los hombres deben adorarle como el Ser, pues en el Ser todas las cualidades son una. El Ser es la base de todo, pues a través de él, todo puede ser conocido. Y al igual que se puede hallar el camino perdido siguiendo las huellas por donde alguien pisó, de igual forma quien tiene conocimiento de esto, encuentra la gloria y se hace digno de alabanza.

8. Este Ser, que es lo más próximo a nosotros, es más apreciado que un hijo, más apreciado que la riqueza, más querido que ninguna otra cosa.

Y si alguien dijera a otro que hay algo más querido que el ser, perdería todo lo que posee más tarde o más temprano. Sólo el Ser es querido y digno de ser adorado. Quien pone todo su amor en el Ser y solamente en él, no verá perecer jamás al objeto de su amor.

9. Si los hombres creen que mediante el conocimiento de Brahma, alcanzarán todo, ¿qué es entonces lo que conocía Brahma, de lo cual surgió todo?

10. En verdad en el principio estaba Brahma. Brahma conocía sólo el Ser. Él dijo: "Yo soy Brahma", y de ahí surgió todo. De este modo, Deva (los dioses) despertó para conocer a Brahma, convirtiéndose en el mismo Brahma; y lo mismo ocurrió con los Rishis (los sabios) y los hombres. Así fue cómo el Rishi Vamadeva comprendió la esencia de Brahma y exclamó: "Yo era Manu (la luna), yo era el sol". Por consiguiente, quien conoce que él es Brahma, se convierte él mismo en Brahma, sin que los mismos Devas puedan evitarlo, pues él mora en el mismo Ser que aquéllos.

Sin embargo, si un hombre adora a otra deidad, creyendo que aquélla es una y él otro, no conoce. Para los Devas, es como un animal. Pues en verdad, igual que muchos animales proporcionan alimento a un solo hombre, de igual forma cada hombre proporciona alimento a los Devas (los dioses). Si un solo animal es robado a los Devas, eso no les complace. ¡Cuánto más, pues, si son muchos los animales robados!

Por consiguiente, a los Devas les disgusta que los hombres cometan estas acciones.

11. En verdad en el principio estaba Brahma. Estando solo, quiso crear las fuerzas supremas. Entonces creó los Kshatras (poderes) entre los Devas (dioses). Así pues, no existe nada más allá de Kshatra, por lo cual en el sacrificio Ragasuya, el brahmín se sienta debajo del Kshatriya.[28] Él confiere su gloria en Kshatra únicamente. Sin embargo, Brahma es el origen de Kshatra. Por consiguiente, aunque un rey es exaltado, se sienta debajo del brahmín, pues él es su lugar de origen. Quien causa una afrenta a aquél, causa una afrenta a su propio lugar de origen. Peor aún, pues ha causado una afrenta a alguien mejor que sí mismo.

12. Todavía Brahma no era suficientemente fuerte. Así pues, creó a Vis (la gente), las clases de Devas que en sus distintos órdenes son llamados Vasus, Rudras, Adityas, Visve Devas, Maruts.

13. Sin embargo, no era suficientemente fuerte. Creó, pues, la casta de los Sudras[29] y a Pushan (el dador de alimento). En verdad esta tierra es Pushan (el dador de alimento), pues la tierra en verdad alimenta a todo lo que hay en ella.

14. Aún así, no era suficientemente fuerte. Creó, pues, lo más excelente, la ley (dharma). La ley es el Kshatra (poder) del Kshatra; por consiguiente no hay nada superior a la ley. De este modo, incluso un hombre débil, con el apoyo de la ley, puede gobernar a uno más fuerte que él, como si él fuera el rey y el otro su súbdito. De esta forma a la ley se le llama la verdad. Así, si un *hombre declara* la verdad, se dice que ha declarado según la ley; y si declara según la ley, se dice que declara la verdad. Ambas cosas son lo mismo.

15. De esta forma existe Brahma, Kshatra, Vis y Sudra. Entre los Devas Brahma existía únicamente como Agni (el fuego), y entre los hombres, como brahmín, igual que Kshatriya a través de Kshatriya, Vaisya a través del (divino) Vaisya y Sudra a través del (divino) Sudra.[30]

Por consiguiente, las gentes desean sus estados futuros a los Devas a través de Agni (el fuego del sacrificio) únicamente; y a los hombres a través de los brahmines, pues Brahma mora en estas dos formas.

Así, si un hombre fallece sin haber visto su verdadera vida futura, ese Ser, siendo desconocido, no le recibe ni le bendice, como si aquél no hubiera leído los Vedas o no hubiera realizado buenas acciones. Más aún, si alguien lleno de santidad realiza grandes obras en la tierra, pero no conoce el Ser, sus obras no servirán de nada y perecerá. Pero si un hombre conoce el Ser en su verdadero estado, sus obras no perecen, pues todo lo que desea, lo obtiene en su Ser.

16. En verdad el Ser (del ignorante) es el mundo de todas las criaturas. Cuando un hombre ofrece sacrificios a Brahma, mora en el mundo de los Rishis;[31] cuando ofrece comida a los antepasados tratando de obtener descendencia, mora en el mundo de los antepasados; cuando da cobijo y comida a otros hombres, mora en el mundo de los hombres; cuando encuentra alfalfa y agua para los animales, mora en el mundo de los animales; cuando los cuadrúpedos, pájaros e incluso hormigas viven en su casa, mora en su mundo. Y de igual forma que cada cual desea que su mundo no sufra daño alguno, así todos los seres desean que quien sabe esto no sufra ningún daño. En verdad esto es algo conocido y bien razonado.

17. En el principio sólo existía el Ser, único. Aquel tuvo un deseo: "Quiero una esposa para que me dé descendencia y riqueza para poder ofrecer en sacrificios". En verdad esto es un deseo completo, pues incluso si hubiera deseado más, no lo hubiera encontrado. Por consiguiente una persona sola tiene este deseo: "Quiero una esposa para que me dé descendencia y riqueza para poder ofrecer en sacrificios". Y si no obtiene ninguna de estas cosas, cree que es incompleto. Este es su estado completo: la mente es su ser (el marido), el habla es su esposa, el aliento su hijo, el ojo toda la riqueza mundana, pues él la encuentra con el ojo, y el oído su riqueza divina, pues él la oye con el oído. El cuerpo ("atman") es su obra, pues con el cuerpo ejecuta sus acciones. Este es el quíntuple sacrificio, pues quíntuple es el animal, quíntuple el hombre y todas las cosas. Quien esto conoce, obtiene todo lo demás.[32]

QUINTO BRAHMANA

1. Cuando el padre (de la creación) hubo producido, mediante Conocimiento y penitencia (acciones), las siete clases de comida, distribuyó una de ellas a todos los seres y dos a los Devas

Hizo tres para él y una la distribuyó a los animales. Esta es la base de todo, para los seres que respiran y para los que no respiran.

¿Por qué entonces los seres no perecen, aunque son comidos por otros? Quien conoce al imperecedero, conoce la esencia de lo que come.

Va a los Devas y en ellos encuentra la fuerza.

2. Cuando se dice que el padre produjo mediante Conocimiento y penitencia las siete clases de comida, está claro que así lo hizo.

Cuando se dice que una de ellas fue común, esa es la comida común de todo lo que se come. Quien adora (come esa comida común), permanece en el mal, pues en verdad esa comida pertenece a todos los seres. Cuando se dice que asignó dos clases de comida a los Devas, se refiere al huta, que es sacrificado en el fuego, y al para-huta que es entregado para el sacrificio. Pero también se dice que los sacrificios de luna nueva y luna llena son divinos; por consiguiente no se deberían ofrecer con un deseo.

Cuando se dice que "una clase de alimento dio a los animales", se refiere a la leche. Pues en el principio (en su infancia) los animales y los hombres viven de leche. Así cuando nace un bebé, o bien le hacen lamer "ghrita" (mantequilla) o bien le dan de pecho. Por consiguiente a un recién nacido le llaman "atrinada" es decir, que no come hierbas. Cuando dicen: "en ello descansa todo, lo que respira y lo que no respira", vemos que todo, lo que respira y lo que no respira, se basa y depende de la leche.

Y cuando se dice (en otro Brahmana) que un hombre que ofrece sus sacrificios con leche un año entero, traspasa los umbrales de la muerte, no es así exactamente. No, pues en el mismo día en que ofrece el sacrificio, en ese mismo día traspasa los umbrales de la muerte; así pues, quien conoce esto, ofrece a los dioses la comida entera (toda la leche).

Cuando se dice: "¿Por qué éstos no perecen, a pesar de ser comidos continuamente?", respondemos: En verdad, la Persona[33] es imperecedera y ella produce el alimento una y otra vez.

Cuando se dice que "come la comida con el rostro", el rostro significa la boca, pues ella (la persona) la come con su boca.

Cuando decimos que "va a los Devas, y en ellos halla la fortaleza", eso significa una alabanza.

3. Cuando decimos que "hizo tres clases de alimento para sí mismo" eso significa que creó la mente, el habla y el aliento para sí mismo. Cuando la gente dice: "Mi mente estaba en todas partes, pero no la pude ver; mi mente estaba en todas partes, pero no la pude escuchar", está claro que el hombre ve con su mente y oye con su mente. El deseo, la representación, la duda, la fe, la falta de fe, la memoria, el olvido, la vergüenza, la reflexión, el miedo, todo esto es mente. Por consiguiente, si a un hombre le tocan la espalda, lo percibe mediante la mente.

Todo sonido que existe, esto es habla. El habla es un medio, no es nada en sí misma.

Todas las respiraciones, interiores y exteriores, no son más que "prana". En verdad en eso consiste el Ser, y el Ser consiste en palabra, mente y aliento.

4. Estos son los tres mundos: la tierra es la palabra, el firmamento es la mente y el cielo es la respiración.

5. Estos son los tres Vedas: el Rig-veda es la palabra, el Yagur-veda la mente y el Sama-veda el aliento.

6. Estos son los Devas, los antepasados y los hombres: los Devas son la palabra, los antepasados la mente y los hombres el aliento.

7. Estos son el padre, la madre y el hijo: el padre es la mente, la madre la palabra y el hijo el aliento.

8. Estos son lo conocido, lo que está por conocer y lo desconocido. Lo conocido tiene la forma del habla, pues el habla es conocida. El habla ha tomado esta forma para proteger al hombre.

9. Lo que está por conocer tiene la forma de la mente, pues la mente es lo que está por conocer. La mente ha tomado esta forma para proteger al hombre.

10. Lo desconocido tiene la forma del aliento, pues el aliento es desconocido. El aliento ha tomado esta forma para proteger al hombre.

11. En el habla (que es la comida de Pragapati) la tierra es el cuerpo, la luz la forma, es decir, el fuego. Hasta donde se extiende el habla, se extiende la tierra y el fuego.

12. El cielo de la mente es el cuerpo, y la luz la forma, es decir el sol. Hasta donde se extiende el habla, se extiende el cielo y el sol. Si éstos (el fuego y el sol) se abrazan, nace el viento, cuyo poder es Indra, superior a todos. Quien conoce esto, no tiene rival.

13. El agua de este cuerpo es el aliento, y la luz su forma, es decir, la luna. Hasta donde se extiende el aliento, se extiende el agua y la luna.

Todos estos poderes son similares, infinitos. Quien les adora como poderes finitos, obtiene un mundo finito, pero quien les adora como infinitos, obtiene un mundo infinito.

14. Pragapati[34] es el año, que consiste en dieciséis cifras. Las noches son sus primeras quince cifras y el punto fijo su decimosexta cifra. Pragapati, el año, aumenta y disminuye la cifra de sus noches. Cuando en la parte decimosexta de la noche de luna llena entró en todo lo vivien-

te, nació de nuevo en la mañana. Por consiguiente, que nadie corte la vida de ningún ser vivo en esa noche, ni siquiera la vida de una lagartija, en honor (pugartham) de tal deidad.

15. En verdad Pragapati, que consiste en dieciséis cifras, que son el año, es igual a un hombre que conoce esto. Su riqueza consiste en las quince cifras y su Ser es la cifra decimosexta.

Él aumenta y disminuye a causa de esta riqueza. Su Ser es el eje de una rueda y su riqueza los radios. Por consiguiente, a quien lo pierde todo, pero vive con el Ser, la gente le dirá: perdió sólo los radios de la rueda (que pueden ser arreglados de nuevo).

16. En verdad, hay tres mundos: el mundo de los hombres, el mundo de los antepasados y el mundo de los Devas. El mundo de los hombres sólo puede ser ganado por un hijo, no a través de acción alguna. Mediante el sacrificio se alcanza el mundo de los antepasados y mediante el conocimiento se obtiene el mundo de los Devas. El mundo de los Devas es el mejor de los mundos, pues ellos gozan del Conocimiento.

17. Luego sigue la entrega del alma. Cuando un hombre cree que va a fallecer, dice a su hijo: "Tú eres Brahma, tú eres el sacrificio, tú eres el mundo". El hijo responde: "Yo soy Brahma, yo soy el sacrificio, yo soy el mundo". Todo lo que uno ha aprendido (por medio del padre), eso en sí es Brahma. Todos los sacrificios que existen no son más que un solo sacrificio. Todos los mundos que existen no son más que un solo mundo. En esto reside toda la esencia de la sabiduría.

Cuando un padre que conoce esto deja este mundo, entra en su hijo junto con sus propios espíritus (mente, habla y aliento). Si el padre ha hecho algo malo, el hijo lo puede remediar mientras viva. Mediante la ayuda de su hijo, el padre permanece firme en su mundo. Entonces estos espíritus divinos e inmortales (habla, mente y aliento) penetran en él.

18. De la tierra y del fuego, el habla divina penetra en él. En verdad aquélla es la divina palabra, pues todo lo que dice se llena de verdad.

19. Del cielo y del sol, la mente divina entra en él. En verdad, aquélla es la mente divina, pues quien se pone en contacto con ella se llena de dicha y deja de sufrir para siempre.

20. Del agua y de la luna, el aliento divino entra en él. En verdad a aquél es el aliento divino, el cual, ya se mueva o no, jamás sufre can-

sancio alguno y por consiguiente no perece. Quien conoce esto, se convierte en el ser de todos los seres. Tal como es esa deidad (Hiranyagarbha), así se convierte él. Y al igual que todos los seres adoran a esa deidad, así todos los seres veneran a quien conoce esto.

El sufrimiento que sienten las criaturas no se acerca a él, pues en verdad, el mal no se acerca a los Devas.

21. Luego sigue la consideración de las acciones. Pragapati creó las acciones (los sentidos activos). Cuando hubieron sido creados, empezaron a disputar entre sí. La voz dijo: hablaré; el ojo dijo: veré; el oído dijo: oiré; y así las demás acciones, cada una según su función. La Muerte entonces los tomó y se los llevó consigo. Cuando los hubo tomado, los retuvo (de su función). Por consiguiente el habla crece débil, el ojo crece débil y el oído crece débil.

Pero la muerte no pudo tomar al aliento vital. Entonces los demás, al tratar de conocerle, dijeron: "En verdad, él es el mejor de nosotros, pues, se mueva o no, no sufre cansancio alguno y no perece jamás. Tomemos, pues, su forma". Así fue cómo aquéllos tomaron su forma; por consiguiente son llamados "alientos" (espíritus).

En toda familia hay quien conoce esto; por lo cual esa familia es llamada por el nombre de tal persona. Y quien disputa con alguien que conoce esto, acaba por morir. Hasta aquí todo lo que se refiere a este cuerpo.

22. Ahora sigue todo lo que se refiere a las deidades.

Agni (el fuego) dijo: yo haré que las cosas ardan; Aditya (el sol) dijo a su vez: yo produciré calor; Kandramas (la luna) dijo entonces: yo daré brillo; y así todas las demás deidades, cada una según su función. Y tal como sucedió con el aliento vital y con los espíritus, así sucedió con Vayu, el viento de las deidades. Las demás deidades desaparecieron, excepto Vayu. Vayu es la deidad que siempre existe.

23. Así se alaba en este Sloka:

"Aquel de quien el sol surge y en quien el sol se pone" (ciertamente surge del aliento y se pone en el aliento).

"Aquel que es la ley para los Devas, es el hoy y el mañana también."

Por consiguiente, el hombre debe sufrir un solo mandato: seguir el aliento que mora en su interior para que la maldad de la muerte no pueda alcanzarle jamás. Quien siga este único mandato, obtendrá la unión perfecta con la deidad de las deidades.

SEXTO BRAHMANA

1. En verdad existe una tríada: el nombre, la forma y la acción. De estos hombres, el nombre del Habla es el Uktha (himno o también origen primero de todas las cosas), pues de él surgen todos los demás nombres. Él es su Sama,[35] pues s lo mismo que todos los nombres y su Brahma (el soporte de todo lo viviente), pues él sostiene a todos los hombres.

2. De todas las formas, la que es llamada Ojo es el Uktha origen primordial), pues de él surgen todas las formas. El es su Sama, pues es lo mismo que todas las formas, y su Brahma, pues él sostiene a todas las formas.

3. De todas las acciones, la que es llamada Cuerpo es el Uktha (origen primordial), pues de él surgen todas las acciones. Él es su Sama, pues es lo mismo que todas las acciones, y su Brahma, pues él sostiene todas las acciones.

Esa tríada es uno, es decir, es un solo Ser; y el Ser, siendo uno, es esa tríada. Él es el inmortal, contenido por la verdad. En verdad el aliento es el inmortal y el nombre y la forma son la verdad y a través de ellos se alcanza la inmortalidad.

SEGUNDO ADHAYA

PRIMER BRAHMANA

1. El orgulloso Gargya Balaki, un hombre de gran saber, dijo a Agatasatru de Benarés: "¿Quieres que te hable de Brahma? "Agatasatru respondió: "Te daremos mil vacas si nos hablas de Brahma, pues todos corren tras Ganaka, diciendo que Ganaka[36] (el rey de Mitikila) es nuestro padre."

2. Gargya dijo: "Adoro como Brahma a la persona[37] que está en el sol". Agatasatru le respondió: "¡No, no! No me hables así. Yo le adoro en verdad como el supremo, la cabeza de todos los seres, el rey. Quien así le adora, alcanza el estado supremo, convirtiéndose en rey y cabeza de todos los seres."

3. Gargya replicó: "Adoro como Brahma a la persona que está en la luna". Agatasatru le respondió: "¡No, no! No me hables así. Yo le adoro en verdad como el grande, el de blancas vestiduras, pues él es Soma, el rey. A quien así le adora, Soma le colma de bendiciones."

4. Gargya prosiguió: "Adoro como Brahma a la persona que está en el rayo (y en el corazón)". Agatasatru le respondió: "¡No, no! No me hables así. Yo le adoro como el resplandeciente. Quien así le adora, en verdad se torna resplandeciente y su descendencia se llena de luz."

5. Gargya continuó: "Adoro como Brahma a la persona que está en el éter". Agatasatru le respondió: "¡No, no! No me hables así. Yo le adoro en verdad como aquel que permanece en constante reposo y plenitud. Quien así le adora, obtiene ganado y descendencia infinitas."

6. Gargya prosiguió: "Adoro como Brahma a la persona que está en el viento". Agatasatru replicó: "¡No, no! No me hables así. Yo le adoro

en verdad como Indra Vaikutha, el ejército inconquistable. Quien así le adora, alcanza la victoria; en verdad vence a todos sus enemigos."

7. Gargya continuó: "Adoro como Brahma a la persona que está en el fuego". Agatasatru le respondió: "¡No, no! No me hables así. Yo le adoro como el poderoso. Quien así le adora, se vuelve poderoso y su descendencia se hace invencible."

8. Gargya siguió: "Adoro como Brahma a la persona que está en el agua". Agatasatru le respondió; "¡No, no! No me hables así. Yo le adoro como la perfección. Quien así le adora, alcanza el estado supremo de perfección".

9. Gargya continuó: "Adoro como Brahma a la persona que está en el espejo". Agatasatru le respondió: "¡No, no! No me hables así. Yo le adoro en verdad como el brillo supremo. Quien así le adora, alcanza el supremo, resplandor y su descendencia se llena de luz".

10. Gargya prosiguió: "Adoro como Brahma al sonido que sigue a un hombre cuando camina". Agatasatru le respondió: "¡No, no! No me hables así. Yo le adoro en verdad como la vida. Quien así le adora, alcanza la plenitud en esta vida y el aliento vital no le abandona en la hora de la muerte."

11. Gargya continuó "Adoro como Brahma a la persona que está en el espacio". Agatasatru le respondió: "¡No, no! No me hables así. Yo le adoro en verdad como el segundo que nunca nos abandona. A quien así le adora el tiempo no le abandona; ciertamente su descendencia no tiene fin."

12. Gargya prosiguió: "Adoro a Brahma en la persona que está en la sombra". Agatasatru replicó: "¡No, no! No me hables así. Yo le adoro como la muerte. Quien así le adora, alcanza la edad madura en esta vida; ciertamente la muerte no le atrapa en la juventud."

13. Gargya dijo: "Adoro a Brahma como la persona que está en el cuerpo". Agatasatru le respondió: "¡No, no! No me hables así. Yo le adoro como el poder supremo encarnado en un cuerpo humano. Quien así le adora, obtiene la inmortalidad para él y su descendencia."

Entonces Gargya enmudeció:

14. Agatasatru inquirió: "¿No tienes más que decir?" "Nada Más", contestó aquél. "Esto no es suficiente para conocer al verdadero Brahma", dijo Agatasatru. Entonces Gargya respondió: "Déjame ser tu discípulo."

15. Agatasatru replicó: "No es natural que un brahmín acuda a un Khatriya, para que le hable de Brahma. Sin embargo, yo te lo mostraré claramente". Diciendo esto, le tomó del brazo y se fue con él.

Llegaron a un lugar donde había un hombre que estaba dormido. Agatasatru le increpó con estos nombres: "Tú, grande, túnica blanca, Soma, Rey". Pero aquél no se levantó. Entonces le frotó el cuerpo con la mano hasta que aquel hombre se despertó y se incorporó.

16. Agatasatru le preguntó: "Cuando este hombre estaba dormido, ¿dónde estaba la persona (el alma, purusha), el ser inteligente? ¿y de dónde ha vuelto?" Gargya no lo sabe.

17. El mismo Agatasatru respondió: "Cuando este hombre se hallaba dormido, la persona inteligente (el alma, purusha), permanecía en el éter, que está en el corazón, junto con el aliento, el habla, el oído y el ojo.

18."Pero mientras duerme (o cuando sueña) sus mundos son otros. En ellos él es un gran rey o un gran brahmín. Como un gran rey, puede regir sus pro los asuntos y moverse a placer en su propio campo; de igual forma, la persona (el alma) se mueve a placer entre los sentidos (pranas) cuando el sueño no es muy profundo.

19. "Pero cuando el sueño es muy profundo y no percibe sensación alguna, ocurre algo muy distinto. Existen setenta y dos mil arterias llamadas Hita que desde el corazón se extienden por todo el cuerpo. A través de ellas se mueve la fuerza vital, dando verdadero descanso a todo el cuerpo. Y al igual que un joven, un gran rey o un gran brahmín que ha llegado a la cima de la felicidad, así él reposa en perfecta paz.

20."Como una araña que saca al *exterior el* hilo adherido al cuerpo, o como la chispa que sale del fuego, así todos los sentidos, todos los mundos, todos los Devas y todos los seres salen del Ser. El Upanishad del Ser es la Verdad de las Verdades. En verdad los sentidos son la verdad, y el alma es la verdad de las verdades."

SEGUNDO BRAHMANA

1. En verdad quien conoce al niño en su verdadero aposento, mantiene alejados su palo y su cuerda de los siete[38] parientes que le odian. Por niño se entiende la vida interior, por lugar se entiende el cuerpo,

por aposento se entiende la cabeza, por palo se entiende el aliento vital y por cuerda, la comida.

2. Entonces los siete imperecederos[39] se acercan a él. En su ojo están las líneas rojas y por ellas Rudra[40] se ata a él. En el ojo está el agua y por ella Pargañua se ata a él. Asimismo, Aditya (el sol) a través de la pupila se ata también a él e Indra[41] lo hace a través del globo ocular. Con las cejas y las pestañas el cielo se ata también a él. Quien conoce esto, obtiene el alimento imperecedero.

3. Sobre esto hay un Sloka:

"Existe una taza que tiene la boca debajo y el fondo arriba. Gloria infinita llena esta taza a rebosar. En su labio se sientan los siete Rishis[42] y la lengua, el octavo, comunica con Brahma."

4. "Estos dos (los dos oídos) son los Rishis Gautama y Bharadvaga: el derecho Gautama y el izquierdo Bharadvaga. Estos dos (los ojos) son los Rishis Visvamitra y Gamadagni. Estos dos (los orificios nasales) son los Rishis Vasishtha y Kasyapa: el derecho Vashista, el izquierdo Kasyapa. La lengua es Atri, porque con la lengua tomamos el alimento, pues Atri se ha hecho para Atti, comer. Quien conoce esto, obtiene la gracia de que todo se convierta en su alimento."

TERCER BRAHMANA

1. Hay dos formas de Brahma, la material y la inmaterial, la mortal y la inmortal, la sólida y la fluida, Sat (el ser) y tya (eso). (Por consiguiente, la verdad se llama Sat-tya.)

2. Todo, excepto el aire y el firmamento, es material, mortal, sólido y definido. La esencia de lo material, que es mortal, sólido y definido, es el sol que brilla, pues él es la esencia de sat (lo definido).

3. Pero el aire y el firmamento son inmateriales, inmortales, fluidos e indefinidos. La esencia de lo inmaterial, inmortal, fluido e indefinido es el alma en el verdadero ojo, pues ella es la esencia de tyad (lo indefinido). Hasta aquí lo que se refiere los Devas.

4. Ahora sigue lo que se refiere al cuerpo. Todo, excepto el aliento y el éter que está en el interior del cuerpo, es material, mortal, sólido y definido. La esencia de lo material; mortal, sólido y definido es el Ojo, pues es la esencia de Sat (lo definido).

5. Pero el aliento y el éter que está en el interior del cuerpo son inmateriales, inmortales, fluidos e indefinidos. La esencia de lo inmaterial, inmortal, fluido e indefinido es la persona en el ojo derecho, pues es la esencia de "tyad" (lo indefinido).

6. ¿Y qué apariencia tiene la persona (el alma)? Como una única color del azafrán, como la lana blanca, como el cochinillo, como la llama del fuego, como el loto blanco, como el relámpago que súbitamente desgarra los cielos. Así pues, quien conoce esto alcanza la gloria suprema.

Luego sigue la enseñanza (de Brahma) por medio de "¡No, No!",[43] pues no hay nada más elevado que esto. Si uno dice: 'Esto es ilusión esto no es la verdad", acaba alcanzando la Verdad de las Verdades.

CUARTO BRAHMANA

1. Cuando Yagñavalkya iba a entrar en otro estado, dijo a Maitréyi:[44] "Me voy de mi casa (del bosque); así pues, lleguemos a un acuerdo entre tú y Katayani (mi otra esposa)."

2. Maitreyi respondió: "Mi señor, si toda esta tierra, llena de riqueza, me perteneciera, ¿acaso esto me haría ser inmoral?" "No", replicó Yagñavalkya, "como la vida de los ricos, así será tu vida, pues no hay esperanza de inmortalidad por medio de la riqueza".

3. Entonces Maitreyi exclamó: "¿Para qué quiero todo esto si con ello no voy a alcanzar la inmortalidad? Dime lo que mi Señor sabe de la inmortalidad."

4. Yagñavalkya replicó: "En verdad me eres querida, pues tus palabras están llenas de amor. Ven, siéntate, yo te lo explicaré; retén bien lo que te voy a decir".

5. Entonces dijo: "En verdad un esposo no es amado por su mujer, pues sólo cuando se ama al Ser el esposo es verdaderamente amado. Ciertamente una esposa no es amada por su marido, sólo cuando se ama al Ser la esposa es verdaderamente amada.

"En verdad los hijos no son amados por sus padres, pues sólo cuando se ama al Ser los hijos son verdaderamente queridos.

"En verdad la riqueza no es amada por los ricos, pues sólo cuando se ama al Ser la riqueza es verdaderamente querida.

"En verdad la casta de los brahmines no es amada por ellos, pues sólo cuando se ama al Ser, la casta de los brahmines es verdaderamente amada.

"En verdad la casta de los Kshatra no es querida por ellos, pues sólo cuando se ama al Ser la casta de los Kshatra es verdaderamente querida.

"En verdad los mundos no son amados por los hombres, pues sólo cuando se ama al Ser los mundos son verdaderamente queridos.

"En verdad los Devas no son amados, pues sólo cuando se ama al Ser los Devas son verdaderamente amados.

"En verdad las criaturas no son amadas, pues sólo cuando se ama al Ser las criaturas son verdaderamente queridas.

"Ciertamente no hay nada que puedas amar, pues sólo cuando amas al Ser, todo se convierte en objeto de tu amor.

"El Ser tiene que ser visto, oído, percibido y conocido, ¡oh Maitreyi! Cuando vemos, oímos, percibimos y conocemos al Ser, todo lo demás es verdaderamente conocido.

6. "Quien busque la casta de los brahmines fuera del Ser, deberá ser abandonado por los demás brahmines. Quien busque la clase de los Kshatra45 fuera del Ser, deberá ser abandonado por los demás Kshatras. Quien busque a los Devas fuera del Ser, deberá ser abandonado por los demás Devas. Quien busque a las criaturas fuera del Ser, deberá ser abandonado por las demás criaturas. La casta de los brahmines, la casta de los brahmines, la casta de los Kshatra, los mundos, los Devas, las criaturas y todo lo que existe es el Ser.

7. "Igual que los sonidos de un tambor cuando es tocado no pueden ser atrapados físicamente, sino captados por el oído;

8. "y al igual que los sonidos de una concha no pueden ser atrapados físicamente, sino captados por el oído;

9. "y al igual que los sonidos de un laúd no pueden ser atrapados externamente, sino captados por el oído;

10. "y al igual que las nubes de humo surgen solas de un fuego encendido con combustible húmedo, así, en verdad, oh Maitreyi, ha surgido del aliento de este gran Ser lo que conocemos como Rig-veda, Yagur-veda, Sama-veda, Atharvangirasas, Itihasa (leyendas), Purana (cosmogonías), Vidya (conocimiento), los Upanishads, Slokas (versos), Sutras (reglas de prosa), Anuvyakhyanas (glosas) y Vyakhyanas (comentarios). Únicamente de él surgió la sabiduría.

11. "Como las aguas encuentran su centro en el mar, igual que el

tacto se encuentra en la piel, todos los gustos en la lengua, todos los olores en la nariz, todos los colores en el ojo, todos los sonidos en el oído, todos los preceptos en la mente, todo el conocimiento en el corazón, todas las acciones en las manos, todos los movimientos en los pies, así todos los Vedas se encuentran en el habla.

12. "Como un terrón de sal que echado en el agua se disuelve en ella y ya no puede ser tomado de nuevo, así, oh Maitreyi, este gran Ser, infinito, ilimitado, no consiste en nada más que puro conocimiento; surge de estos elementos y se funde de nuevo con ellos. Cuando él desaparece, desaparece con él todo el conocimiento; así lo digo, oh Maitreyi."

13. Entonces Maitreyi exclamó: "Señor, estoy confundido por lo que acabas de decir. ¿Por qué dices que cuando el Ser se va, ya no hay más conocimiento?"

Pero Yagñavalkya replicó: "Oh Maitreyi, no digo nada que pueda confundir. En verdad, oh amada, el Ser es imperecedero, pues su naturaleza es indescriptible.

"Cuando hay dualidad, uno ve al otro, uno huele al otro, uno oye al otro, uno saluda al otro, uno percibe al otro, uno conoce al otro; pero cuando el Ser está en la unidad esencial, ¿cómo puede ver a otro, cómo puede oír a otro, cómo puede saludar a otro, cómo puede, percibir a otro, cómo puede conocer a otro? ¿Cómo se puede conocer a Aquel por el cual todo es conocido?"

QUINTO BRAHMANA

1. Esta tierra es la miel (madhu, el efecto)[46] de todos los seres, y todos los seres son la miel (el efecto) de esta tierra. De igual forma, la persona radiante e inmortal que está en esta tierra es la miel, y la persona radiante e inmortal que está en el cuerpo es también la miel. Ella es en verdad de la misma naturaleza que el Ser, el inmortal, Brahma, el Todo.

2. Esta agua es la miel de todos los seres, y todos los seres son la miel de esta agua. De igual forma la persona radiante e inmortal que está en el agua, es la miel, y la persona brillante e inmortal que está en el cuerpo en forma de semilla es también la miel. Ella es en verdad de la misma naturaleza que el Ser, el Inmortal, Brahma, el Todo.

3. Este fuego es la miel de todos los seres, y todos los seres son la

miel de este fuego. De igual forma esta persona brillante e inmortal que está en el fuego es la miel, y la persona radiante e inmortal que está en el cuerpo en forma de habla es también la miel. Ella es en verdad de la misma naturaleza que el Ser, el inmortal, Brahma, el Todo.

4. Este aire es la miel de todos los seres, y todos los seres son la miel de este aire. De igual forma la persona radiante e inmortal que está en el aire es la miel, y la persona que está en el cuerpo en forma de aliento es también la miel. Ella es en verdad de la misma naturaleza que el Ser, el inmortal, Brahma el Todo.

5. Este sol es la miel de todos los seres, y todos los seres son la miel de este sol. De igual forma la persona radiante e inmortal que está en el sol es la miel, y la persona que está en el cuerpo en forma de ojo es también la miel. Ella es en verdad de la misma naturaleza que el Ser, el inmortal, Brahma' el Todo.

6. El espacio es la miel de todos los seres, y todos los seres son la miel del espacio. De igual forma la persona brillante e inmortal que está en el cuerpo en forma de oído es también la miel. Ella es en verdad de la misma naturaleza que el Ser, el Inmortal, Brahma, el Todo.

7. La luna es la miel de todos los seres, y todos los seres son la miel de la luna. De igual forma la persona brillante e inmortal que está en la luna es la miel, y la persona que está en el cuerpo en forma de mente es también la miel. Ella es en verdad de la misma naturaleza que el Ser, el Inmortal, Brahma, el Todo.

8. El relámpago es la miel de todos los seres y todos los seres son la miel del relámpago. De igual forma la persona brillante e inmortal que está en el relámpago es la miel y la persona que está en el cuerpo en forma de luz es también la miel. Ella es en verdad de la misma naturaleza que el Ser, el Inmortal, Brahma, el Todo.

9. El trueno es la miel de todos los seres, y todos los seres son la miel del trueno. De igual forma la persona que está en el trueno es la miel y la persona que está en el cuerpo en forma de sonido es también la miel. Ella es en verdad de la misma naturaleza que el Ser, el Inmortal, Brahma, el Todo.

10. El éter es la miel de todos los seres, y todos los seres son la miel del éter. De igual forma la persona que está en el éter es la miel y la persona que está en el cuerpo en forma de mente es también la miel. Ella es en verdad de la misma naturaleza que el Ser, el Inmortal, Brahma, el Todo.

11. Esta ley (dharma) es la miel de todos los seres, y todos los seres son

la miel de la ley. De igual forma esta persona que está en la ley es la miel y la persona que está en el cuerpo en forma de ley es también la miel. Ella es en verdad de la misma naturaleza que el Ser, el Inmortal, Brahma, el Todo.

12. Esta verdad es la miel de todos los seres y todos los seres son la miel de esta verdad. De la misma forma, esta persona brillante e inmortal que está en la verdad, es también la miel y la persona inmortal, que es la verdad y está en este cuerpo, es también la miel. Ella es en verdad de la misma naturaleza que el Ser, el Inmortal, Brahma, el Todo.

13. El género humano es la miel de todos los seres, y todos los seres son la miel del género humano. De igual forma, esta persona brillante e inmortal que está en el género humano es la miel y la persona inmortal que está en el cuerpo en forma de hombre es también la miel. Ella es en verdad de la misma naturaleza que el Ser, el Inmortal, Brahma, el Todo.

14. Este Ser es la miel de todos los seres, y todos los seres son la miel de este Ser. De igual forma la persona que está en el Ser es la miel y la persona inmortal que está en el Ser es también la miel. Ella es en verdad de la misma naturaleza que el Ser, el Inmortal, Brahma, el Todo.

15. En verdad este Ser es el Señor y rey de todos los seres. Y al igual que todos los radios están contenidos en el piñón de la rueda, así todas las criaturas y sus seres (de la tierra, del agua, etcétera) están contenidos en este Ser.

16. En verdad Dadhyak Athavvana proclamó esta miel (madhu-vidya)[47] a los dos Asvins y un sabio, viendo esto, dijo:

"¡Oh! vosotros, los dos héroes (Asvins), declaro que vuestras nobles acciones son como el rayo, que hace que la lluvia se manifieste. La miel (madhu-vidya) que Dadhyak Atharvana proclamó a vosotros a cambio de la cabeza de un caballo..."

17. En verdad Dadhyak Atharvana proclamó esta miel a los dos Asvins, y un Rishi, viendo esto, exclamó:

"Oh, Asvins, ofrecisteis la cabeza de un caballo a Atharvana y él, fiel a su promesa, os reveló la verdadera miel, que es el Conocimiento del Ser."

18. En verdad Dadhyak Atharvana proclamó esta miel a los dos Asvins, y un sabio, viendo esto, dijo:

"El (el Señor) hizo cuerpos de dos pies y cuerpos de cuatro pies. Convirtiéndose primero en pájaro, entró en los cuerpos como purusha (la persona, el alma). Este mismo purusha está en todos los cuerpos (por lo cual se le llama purusha). No hay nada que no sea cubierto o llenado por él.

19. En verdad Dadhyak Atharvana proclamó esta miel a los dos Asvins, y un sabio, viendo esto, exclamó:

"El (el Señor) tomó todas las formas de las criaturas vivientes para que a través de ellas el hombre pudiera conocer su verdadera forma (el Atman o alma). Así, pues, Indra (el Señor) se manifiesta multiforme a través de las mayas (apariencias), pues sus caballos (los sentidos) están bajo yugo y son ciento diez.

Este (Atman) es los caballos, éste (Atman) es los diez, y los miles, múltiples e infinitos. Este es Brahma, sin causa y efecto, sin nada dentro o fuera; este Ser es Brahma, omnipresente y omnisciente. Esta es la enseñanza (de los Upanishad).

SEXTO BRAHMANA

1. Esta es la relación (de maestros y discípulos a través de los cuales fue transmitido el cuarto Brahmana):

1. Pautimashya de Gaupavana,
2. Gaupavana de Pautimashya,
3. Pautimashya de Gaupavana,
4. Gaupavana de Kausika,
5. Kausika de Kaundinya
6. Kaundinya de Sandilya,
7. Sandilya de Kausika y Gautama,
8. Gautama

2. de Agniverya

9. Agnivesya de Sandiya y Anabhimlata,
10. Sandilya y Anabhimlata de Anabhimlata,
11. Anabhimlata de Anabhimlata,
12. Anabhimlata de Gautama,
13. Gautama de Saitava y Prakinayogya,
14. Saitava y Prakinayogya de Parasarya,
15. Parasarya de Bharadvaga,
16. Bharadvaga de Bharadvaga y Gautama,

17. Gautama de Bharadvaga,
18. Bharadvaga de Parasarya,
19. Parasarya de Vaigavapayana,
20. Vaigavapayana de Kausikayani,
21. Kausikayani de Ghritakausika,
22. Ghritakausika de Parasaryayana,
23. Parasaryayana de Pararsarya,
24. Parasarya de Gatukarnya,
25. Gatukarnya de Asurayana y Yaska,
26. Asurayana y Yaska de Traivani,
27. Traivani de Aupagandhani,
28. Aupagandhani de Asuri,
29. Asuri de Bharadvaga,
30. Bharadvaga de Atreya,
31. Atreya de Manti,
32. Manti de Gautama,
33. Gautama de Gautama,
34. Gautama de Vatsya,
35. Vatsya de Sandilya,
36. Sandílya de Kaisorya Kapya,
37. Kaisorya Kapya de Kumaraharita,
38. Kurnarharita de Galava,
39. Galava de Vidarbhi-kaundinya,
40. Vidarbhi-kaundinya de Vatsanapat Babhrava,
41. Vatsanapat Babhrava de Pathi Saubhara,
42. Pathi Saubhara de Ayasya Angirasa,
43. Ayasya Angirasa de Abhuti Tvashtra,
44. Abhuti Tvashtra de Visvarupa Tvashtra,
45. Visvarupa Tvashtra de Asvinau,
46. Asvinau de Dadhyak Atharvana,
47. Dadhya, Atharvana de Atharvan Daiva,
48. Atharvan Daiva de Mrityu Pradhvamsana,
49. Mrityu Pradhvamsana de Pradhavamsana
50. Pradhvamsana de Ekarshi,
51. Ekarshi de Viprakitti,
52. Viprakitti de Vyashti,
53. Vyashti de Sanaru,

54. Sanaru de Sanatana,
55. Sanatana de Sanaga,
56. Sanaga de Parameshthin,
57. Parameshithin de Brahma,
58. Brahma es Svayambhu, el auto-existente. Adoración a Brahma.

TERCER ADHAYA

PRIMER BRAHMANA

¡Adoración al Ser Supremo (Paramatman)!

1. Ganaka Vaideha (el rey de los Videhas) ofreció un sacrificio en el cual había muchos presentes para los sacerdotes (de los Asvamedha). Los brahmines de los Kurus y de los Pankalas acudieron al lugar del sacrificio, por lo que Ganaka Vaideha deseó saber quién de aquellos brahmines era el más instruido. Así pues, apartó mil vacas, y diez "padas" (de oro) fueron atadas a cada par de cuernos.

2. Entonces Ganaka se dirigió a ellos: "Oh, venerables brahmines, a quien de vosotros sea el más sabio (en el conocimiento de Brahma) dejaré que se lleve estas vacas".

Ningún brahmín se atrevió a moverse, excepto Yagñavalkya, que dijo a su discípulo: "Llévate estas vacas, estimado discípulo".

Aquél replicó: "¡Gloria a Saman!" y las retiró como su maestro le había ordenado.

Los brahmines se enfurecieron y exclamaron: "¿Cómo puede atreverse éste a considerarse el más sabio de todos nosotros?"

Entonces Asvala, el sacerdote de Ganaka Vaideha le preguntó: "¿De verdad eres el más sabio de todos nosotros, oh Yagñavalkya?" Aquél replicó: "Me inclino ante el más sabio de todos vosotros (en el conocimiento de Brahma), pero ciertamente deseo tener estas vacas".

Entonces Asvala, el sacerdote Hotri, le hizo esta pregunta.

3. "Yagñavalkya", dijo "todo lo que está aquí dispuesto para el sacrificio será destruido un día por la muerte, pues no hay nada que escape

a sus garras. ¿Por qué medio, entonces, el sacerdote que ofrece los sacrificios puede librarse de la muerte?"

Yagñavalkya respondió: "Por medio del sacerdote Hotri, que es Agni (el fuego), que es la palabra, pues la palabra es el Hotri del sacrificio (o del sacrificador), y la palabra es Agni, y él es el Hotri.

4. "Yagñavalkya", prosiguió aquél, "todo lo que está aquí está sujeto al día y la noche, pues no hay nada que no sea alcanzado por el día y la noche. ¿Por qué medio, entonces, el sacerdote que ofrece los sacrificios puede liberarse del alcance del día y la noche?" Yagñavalkya respondió: Por medio del sacerdote Adhvarya, que es Aditya (el sol). Pues el ojo es el Adhvarya del sacrificio, y el ojo es el sol, y él es el Adhvarya. En esto consiste la libertad, la perfecta liberación."

5. "Yagñavalkya", continuó aquél, "todo lo que aquí está dispuesto para el sacrificio está sujeto al crecer y decrecer de la luna ¿Por qué medio, entonces, el sacerdote que ofrece los sacrificios puede ser liberado de las influencias del crecer y decrecer de la luna?"

Yagñavalkya respondió: "Mediante el sacerdote Udgatri, que es Vaya (el viento), que es el aliento. Pues el aliento es el Udgatri del sacrificio, y el aliento es el viento, y él es el Udgatri. En esto consiste la libertad, la perfecta liberación."

6. "Yagñavalkya" prosiguió aquél, "este cielo no tiene, ni ha tenido, una escalera. ¿Por qué medio, entonces, el sacerdote que ofrece los sacrificios puede dirigirse al mundo celestial?"

Yagñavalkya respondió: "Mediante el sacerdote brahmín, que es la mente (manas), que es la luna. Pues la mente es el Brahma del sacrificio, y la mente es la luna y ella es Brahma. En esto consiste la libertad, la perfecta liberación. Ciertamente todos éstos son los medios de librarse de la muerte.

7. "Yagñavalkya", siguió preguntando aquél, "¿cuántos versos Rik empleará el sacerdote Hotri en el sacrificio de hoy?"

"Tres", replicó Yagñavalkya.

"¡Y cuáles de estos tres?"

"Aquellos que son llamados Puronuvakya, Yagyay Sasya."

"¿Qué se obtiene con ellos?" Todo lo que respira."

8. Yagñavalkya, ¿cuántas oblaciones realizará el sacerdote Adhvaryu en este sacrificio de hoy?"

"Tres" respondió Yagñavalkya.

"Y cuáles de estas tres?"

"Aquellas que en el sacrificio se queman por completo, aquellas que en el sacrificio hacen un ruido excesivo; aquellas que en el sacrificio se hunden."[48]

"¿Qué se obtiene con ellas?"

"Mediante aquellos que al ser ofrecidos se queman por completo, se obtiene el mundo de los dioses, pues el mundo de los dioses (los Devas) se quema por completo. Mediante aquellos que, al ser ofrecidos, hacen un ruido excesivo, se obtiene el mundo de los antepasados (Pitri), pues el mundo de los antepasados es excesivamente ruidoso. Mediante aquellos que, cuando son ofrecidos, se hunden (en la tierra), se obtiene el mundo de los hombres (Manushya), pues el mundo de los hombres está debajo de los dos anteriores."

9. "Yagñavalkya" dijo aquél, "¿con cuántas deidades el sacerdote brahmín que está a la derecha protegerá hoy este sacrificio?"

"Con una", replicó Yagñavalkya.

"¿Cuál es?"

"La mente, pues la mente es infinita, y los Visvedevas son infinitos, por lo cual, invocándoles, se obtiene el mundo infinito."

10. "Yagñavalkya", prosiguió aquél, "¿cuántos himnos empleará hoy el sacerdote Udgatri en este sacrificio?"

"Tres", replicó Yagñavalkya.

"¿Cuáles?"

"Aquellos que se llaman Puronuvakya, Yagya y Sasya."[49]

"¿Y cuál de éstos actúa en el cuerpo (adhyatman)"

"El Puronuvakya actúa en la inspiración, el Yagya en la exhalación y Vyana, en el aliento vital."

"¿Qué se obtiene con ellos?"

"Se obtiene la tierra mediante el Puronuvakya, el firmamento mediante el Yagya y el cielo mediante el Sasya."

Después de esto, Asvala dejó de preguntar.

SEGUNDO BRAHMANA

1. Entonces Garatkarava Artabhaga preguntó. "Yagñavalkya", dijo aquél "¿cuántos Grahas hay y cuántos Atigraphas?"[50]

"Ocho Grahas", respondió, "y ocho Atigrahas".

"¿Cuáles son?"

2. "Prana (la respiración) es un Graha, y lo que es captado por Apana (inhalación) es su Atigraha, pues se huele con el Apana"

3. "El habla (vak) es un Graha, y lo que es captado por el nombre (naman) es su Atigraha, pues con el habla se pronuncian los nombres."

4. "La lengua es un Graha, y lo que es captado por el gusto es su Atigraha, pues con la lengua se perciben los sabores.

5. "El ojo es un Graha, y lo que es captado por la forma es su Atigraha, pues con el ojo se ven las formas.

6. "El oído es un Graha, y lo que es captado por el sonido es su Atigraha, pues con el oído se oyen los sonidos.

7. "La mente es un Graha, y lo que es captado por el deseo es el Atigraha, pues con la mente se desean los deseos.

8. "Los brazos son un Graha, y lo que es captado por el trabajo es su Atigraha, pues con los brazos se hacen las acciones.

9. "La piel es un Graha, y lo que es captado por el tacto es su Atigraha, pues con la piel se percibe el tacto. Estos son los ocho Grahas y los ocho Atigrahas."

10. "Yagñavalkya" dijo aquél, "todo es comida de la muerte. ¿Cuál es entonces la deidad para la cual la muerte es comida?

"El fuego (agni) es la muerte, la cual es la comida del agua. La muerte, entonces, es conquistada de nuevo."

11. "Yagañavalkya", dijo aquél, "cuando una persona muere, ¿los alientos vitales (pranas) salen de él o no?"

"No", replicó Yagañavalkya, "siguen en él, pues el aliento de la inhalación mantiene el cuerpo hinchado, y así, hinchado, el cadáver descansa en paz."

12. "Yagñavalkya", dijo aquél, "cuando un hombre muere, ¿qué es lo que no le abandona?"

"El nombre", replicó, "pues el nombre es infinito y los Visvedevas son infinitos; en verdad por medio del Nombre alcanza el mundo infinito."

13. "Yagñavalkya", dijo a aquél, "cuando el habla de alguien muerto entra en el fuego, el aliento o en el aire, el ojo en el sol, la mente en la luna, el oído en el espacio, el cuerpo en la tierra, el éter en el ser, los

cabellos en los árboles, el vello del cuerpo en los arbustos, cuando la sangre y la semilla son depositadas en el agua, ¿dónde permanece entonces la persona?"[51]

Yagñavalkya respondió: "Toma mi mano, amigo mío. Los dos conoceremos esto a solas, pues esta cuestión no va a ser tratada en público". Entonces los dos se fueron y estuvieron hablando a solas durante mucho tiempo, y de lo que hablaron fue del Karma (las acciones), y lo que alabaron fue el Karma,[52] es decir, que un hombre se vuelve bueno por sus buenas acciones y malo por sus malas acciones. Después de eso Garatkarava Artabhaga dejó de preguntar.

TERCER BRAHMANA

1. Entonces Bhugyu Lahyayani pregunto: "Yagñavalkya" dijo aquél, "vagando como discípulos, fuimos a la casa de Patankala Kapya. Aquél tenía una hija que estaba poseída por un Gandharva. Le preguntamos: '¿Quién eres tú?' y él (el Gandharva) contestó: 'Soy Sudhanvan, el Angirasa'. Y cuando le preguntamos sobre el principio y fin del mundo, le dijimos: '¿Adónde fueron los Parikshitas?,[53] Adónde fueron los Parikshitas, es lo que yo te pregunto a ti, Yagñavalkya: ¿Adónde fueron pues, los Parikshitas?"

2. Yagñavalkya respondió: "Supongo que él te dijo que fueron adonde van aquellos que han realizado un sacrificio de un caballo".

Aquél replicó: "¿Y adónde van aquellos que han realizado el sacrificio de un caballo?"

Yagñavalkya respondió: "Treinta y tres jornadas del carro del sol es este mundo. La tierra lo rodea por cada lado dos veces y el océano a su vez rodea a esta tierra por cada lado dos veces. Entre ellos hay un espacio tan grande como el filo de una navaja o el ala de un mosquito. Indra, convirtiéndose en pájaro, los (a través del espacio) entregó a Vayu (el aire), el cual los llevó en sus brazos y los envió adonde moran aquellos que han realizado un sacrificio de caballo. Por consiguiente, el mismo Indra alabó a Vayu de esta forma. Vayu (el aire) es todo en sí mismo y Vayu es todas las cosas juntas. Quien conoce esto, conquista la muerte". Después de esto Bhugyu Lahyagani dejó de preguntar.

CUARTO BRAHMANA

1. Entonces Ushasta Kakrayana preguntó: "Yagñavalkya" dijo, "háblame de Brahma, aquel que es visible e invisible el Ser que está dentro de todo".

Yagñavalkya replicó: "Esto, tu Ser, que está dentro de todo".

"¿Qué Ser, oh Vagñavalkya, está dentro de todo"

Yagñavalkya replicó: "El que está en todas tus respiraciones está en tu Ser y está en el interior de todo.

2. Ushasta Kakrayana replicó: "Entonces puede ser una vaca o un caballo, según tú lo has explicado. Háblame de Brahma aquel que es visible e invisible, el Ser, que está en el interior de todo".

Yagñavalkya replicó: "Esto, tu Ser, que está dentro de todo".

"¡Qué Ser, oh Vagñavalkya, está dentro de todo?"

Yagñavalkya replicó: "Tú no pudiste ver al verdadero ser que ve con la vista, tú no pudiste oír al (verdadero) ser que oye con el oído, ni pudiste percibir al verdadero ser que percibe todas las sensaciones, ni conocer al conocedor del Conocimiento. Este es tu Ser, que está dentro de todo. Todo lo demás es ilusión".

Después de esto Ushasta Kakrayana dejó de preguntar.

QUINTO BRAHMANA

Entonces Kahola Kaushitakeya preguntó. "Yagñavalkya", dijo, "háblame de Brahma, aquel que es visible e invisible, el Ser (atman) que está en el interior de todo".

Yagñavalkya respondió: "Esto, tu Ser, que está dentro de todo".

"¿Qué Ser, oh Vagñavalkya, está dentro de todo?"

Yagñavalkya respondió: "El que está más allá del hambre y la sed, de la tristeza, de la vejez y de la muerte. Cuando los brahmines conocen a ese Ser y han conseguido elevarse sobre el deseo de tener hijos, riqueza y fama, andan errantes como mendigos. Pues el deseo de tener hijos es el deseo de riqueza, y el deseo de riqueza es el deseo de fama. Todos ellos son deseos. Por consiguiente, un brahmín, después de acumular conocimientos, debe poseer la verdadera fuerza, tras lo cual se convierte en un Muni (yogui); y cuando sabe distinguir el verdadero Conocimiento de un Muni de todo lo que es falso, se convierte en un brahmín. Este es su verdadero estado. Todo lo demás es falso". Después de esto, Kahola Kaushitakeya dejó de preguntar.

SEXTO BRAHMANA

1. Entonces Gargi Vakaknavi preguntó: "Y Yagñavalkya", dijo aquélla, "todo lo que está aquí está tejido e hilado al igual que se teje una tela, en agua. ¿Qué es entonces aquello con lo que el agua está tejida e hilada?"

"El aire, oh Gargi" replicó aquél.

"¿De qué entonces está tejido el aire?"

"De los mundos del firmamento, oh Gargi", respondió aquél.

"¿De qué están entonces tejidos los mundos del firmamento?"

"De los mundos de los Gandharvas,[54] oh Gargi", respondió aquél.

"¿De que están tejidos los mundos de los Gandharvas?"

"De los mundos de Aditya (el sol), oh Gargi", respondió aquél.

"¿De qué están tejidos los mundos de Aditya (el sol)?"

"De los mundos de Kandra (la luna), oh Gargi."

"¿De qué están tejidos los mundos de Kandra (la luna)?"

"De los mundos de los Nakshatras (las estrellas), oh Gargi".

"¿De qué están tejidos los mundos de los Nakshatras (las estrellas)"

"De los mundos de los Devas (dioses).

"De qué están tejidos los mundos de los dioses?"

"De los mundos de Indra,[55] oh Gargi."

"De qué están tejidos los mundos de Indra?"

"De los mundos de Pragapati,[56] oh Gargi."

"¿De qué están tejidos los mundos de Pragapati?"

"De los mundos de Brahma, oh Gargi. "

"¿De qué están tejidos los mundos de Brahma?"

Yagñavalkya respondió: "Oh Gargi, no preguntes demasiado[57] si no quieres que se te caiga la cabeza. Preguntas mucho sobre una deidad de quien no debemos preguntar demasiado. No preguntes demasiado, oh Gargi".

Después de eso Gargi Vakaknavi dejó de preguntar.

SÉPTIMO BRAHMANA

1. Entonces Uddalaka[58] preguntó: "Yagñavalkya" dijo aquél, "estábamos entre los Madras en las casas de Patañkala Kapya, estudiando el sacrificio. Su mujer estaba poseída por un Gandharva y le preguntamos: "¿Quién eres?" Aquél respondió: "Soy Kabandha Atharvana". Y dijo a Patañkala Kapya y a sus discípulos: "¿Conoces, Kapya, el hilo por el cual este mundo y el otro mundo y todos los seres están entrelazados?" Patañkala Kapya respondió: "No lo sé". Aquél dijo de nuevo a Patañkala Kapya y a (nosotros) los discípulos: "¿Conoces, Kapya, al rey que reina en este mundo y en el otro mundo y en todos los seres?" Patañkala respondió: "No lo conozco". Aquél dijo de nuevo a Patañkala Kapya y a (nosotros) los discípulos: "Oh Kapya, el que conoce aquel hilo y el que tira de él, conoce a Brahma, conoce los mundos, conoce ayos Devas, conoce los Vedas, conoce los Bhutas (criaturas), conoce al Ser, conoce todo. Esto les dijo (el Gandharva) y yo lo sé. Si tú, oh Yagñavalkya sin conocer ese cordel y el que tira de él, te llevas las vacas de Brahma (las vacas ofrecidas en premio al mejor conocedor de Brahma), tu cabeza se desprenderá de tu cuerpo."

Yagñavalkya respondió: "Oh Gautama, creo que conozco hilo el que tira de él".

El otro replicó: "Cualquiera puede decir: 'Lo conozco, lo conozco'. Dime, pues, lo que de verdad conoces".

2. Yagñavalkya dijo: "Vayu (el aire) es ese hilo oh Gautama. Por el aire, como por un hilo este mundo y el otro mundo, y todas las criaturas están entrelazadas. Por consiguiente, oh Gautama, la gente dice de una persona que sus órganos se han desatado; pues por el aire, igual que por un hilo, estaban entrelazados".

El otro replicó: "Así es, oh Yagñavalkya Dime ahora quién es el que tira de él".

3. Yagñavalkya respondió: "Aquel que mora en la tierra y dentro de la tierra, a quien la tierra no conoce, cuyo cuerpo es la tierra, aquel que gobierna la tierra desde su interior, es tu Ser, el que gobierna en tu interior, el inmortal.

4. "El que mora en el agua y dentro del agua, a quien el agua no conoce, cuyo cuerpo es el agua, aquel que tira del cordel (gobierna) en el interior del agua es tu Ser, El es el que tira del cordel (gobierna) en tu interior, el inmortal.

5. "El que mora en el fuego y dentro del fuego, a quien el fuego no conoce, cuyo cuerpo es el fuego, aquel que tira del cordel (gobierna) en el interior del fuego es tu Ser, El es el que tira del cordel (gobierna) en tu interior, el inmortal.

6. "El que mora en el firmamento y dentro del firmamento, a quien el firmamento no conoce, cuyo cuerpo es el firmamento, aquel que tira del cordel gobierna en el interior del firmamento, es tu Ser, el que tira del cordel gobierna en tu interior, el inmortal.

7. "El que mora en el aire (vayu) y dentro del aire, a quien el aire no conoce, cuyo cuerpo es el aire, aquel que tira del cordel (gobierna) en el interior del aire, es tu Ser, el que tira del cordel (gobierna) en tu interior, el inmortal.

8. "El que mora en el cielo (dyu) y dentro del cielo, a quien el cielo no conoce, cuyo cuerpo es el cielo, aquel que tira del cordel (gobierna) en el interior del cielo, es tu Ser, el que tira del cordel (gobierna) en tu interior, el inmortal.

9. "El que mora en el sol (aditya) y dentro del sol, a quien el sol no conoce, cuyo cuerpo es el sol, aquel que tira del cordel (gobierna) en el interior del sol, es tu Ser, el que tira del cordel (gobierna) en tu interior, el inmortal.

10. "El que mora en el espacio (disah) y dentro del espacio, a quien el espacio no conoce, cuyo cuerpo es el espacio, aquel que tira del cordel (gobierna) en el interior del espacio, es tu Ser, el que tira del cordel (gobierna) en tu interior, el inmortal.

11. "El que mora en la luna y las estrellas (Kandra-tarakam) y dentro de la luna y las estrellas, a quien la luna y las estrellas no conocen, cuyo cuerpo es la luna y las estrellas, aquel que tira del cordel en el interior de la luna y las estrellas, es tu Ser, el que gobierna en tu interior, el inmortal.

12. "El que mora en el éter (akasa) y dentro del éter, a quien el éter no conoce, cuyo cuerpo es el éter, aquel que tira del cordel (gobierna) en el interior del éter, es tu Ser, el que tira del cordel (gobierna) en tu interior, el inmortal.

13. "El que mora en la oscuridad (tamas), y dentro de la oscuridad, a quien la oscuridad no conoce, cuyo cuerpo es la oscuridad, aquel que tira del cordel (gobierna) en el interior de la oscuridad, es tu Ser, que gobierna en tu interior, el inmortal.

14. "El que mora en la luz (tegas) dentro de la luz, a quien la luz no conoce, cuyo cuerpo es la luz aquel que tira del cordel (gobierna) en el interior de la luz, es tu Ser, que tira del cordel (gobierna) en tu interior, el inmortal."

Esto es todo lo que concierne a los dioses (adhidaivatam); lo que sigue hace referencia a los seres (adhibhutam).

15. Yagñavalkya prosiguió: "El que mora en todos los seres, y dentro de todos los seres, a quien todos los seres no conocen, cuyo cuerpo son todos los seres; aquel que tira del cordel (gobierna) en todos los seres desde su interior, es tu Ser, que tira del cordel (gobierna) en tu interior, el inmortal.

16. "El que mora en el aliento (prana) y dentro del aliento, a quien el aliento no conoce, cuyo cuerpo es el aliento, aquel que tira del cordel (gobierna) el aliento desde su interior, es tu Ser, que tira del cordel (gobierna) en tu interior, el inmortal.

17. "El que mora en la lengua (vak), y dentro de la lengua, a quien la lengua no conoce, cuyo cuerpo es la lengua, aquel que tira del cordel (gobierna) en el interior de la lengua, es tu Ser que tira del cordel (gobierna) en tu interior, el inmortal.

18. "El que mora en el ojo, y dentro del ojo, a quien el ojo no conoce, cuyo cuerpo es el ojo, aquel que tira del cordel (gobierna) en el interior del ojo es tu Ser, que tira del cordel (gobierna) en tu interior, el inmortal.

19. "El que mora en el oído, y dentro del oído, a quien el oído no conoce, cuyo cuerpo es el oído, aquel que tira del cordel (gobierna) en el interior del oído, es tu Ser, que tira del cordel (gobierna) en tu interior, el inmortal.

20. "El que mora en la mente, y dentro de la mente, a quien la mente no conoce, cuyo cuerpo es la mente, aquel que tira del cordel (gobierna) en el interior de la mente, es tu Ser, que tira del cordel (gobierna) en tu interior, el inmortal.

21. "El que mora en la piel, y dentro de la piel, a quien la piel no conoce, cuyo cuerpo es la piel, aquel que tira del cordel (gobierna) en el interior de la piel, es tu Ser, que gobierna en tu interior, el inmortal.

22. "El que mora en el Conocimiento, y dentro del Conocimiento, a quien el Conocimiento no conoce, cuyo cuerpo es el Conocimiento, aquel que tira del cordel (gobierna) en el interior del Conocimiento, es tu Ser, que gobierna en tu interior, el inmortal.

23. "El que mora en la semilla, y dentro de la semilla, a quien la semilla no conoce, cuyo cuerpo es la semilla, aquel que tira del cordel (gobierna) en el interior de la semilla, es tu Ser, que gobierna en tu interior, el inmortal; no se le ve, pues es la visión; no se le oye, pues es el sonido; no se le percibe, pues es la percepción; no se le conoce, pues es el Conocimiento. Él es la única visión, el único sonido, la única percepción, el único Conocimiento. Esto es tu Ser, que tira del cordel (gobierna) en tu interior, el inmortal. Todo lo demás es ilusión." Después de esto, Uddalaka dejó de preguntar.

OCTAVO BRAHMANA

1. Entonces Vakaknavi dijo: "Venerables brahmines, voy a hacerle dos preguntas. Si en verdad puede contestarlas, nadie de vosotros, creo, podrá vencerle en ninguna otra discusión referente a Brahma".

Yagñavalkya respondió: "Pregunta, oh Gargi".[59]

2. Aquélla dijo: "Oh Yagñavalkya igual que el hijo de un guerrero de los Kasis o Videhas tensa el arco y, tomando dos flechas bien afiladas, se prepara para la batalla, así me preparo yo para luchar contigo con dos preguntas. Respóndeme estas preguntas".

Yagñavalkya repuso: "Pregunta, oh Gargi".

3. Aquélla dijo: "Oh, Yagñavalkya aquello que dicen que está más arriba de los cielos y más abajo de la tierra, que contiene el cielo y la tierra, el pasado, el presente y el futuro dime, pues, ¿de qué está tejido?"

4. Yagñavalkya respondió: "Aquello que dicen que está más arriba de los cielos y más abajo de la tierra, que contiene el cielo y la tierra, el pasado, el presente y el futuro, está tejido de éter (akasa)."

5. Aquélla exclamó: "Me postro ante ti, oh Yagñavalkya pues has resuelto esta pregunta. Prepárate para la segunda".

Yagñavalkya repuso: "Pregunta oh Gargi".

6. Aquella prosiguió: "Oh Yagñavalkya aquello que dice que está más arriba de los cielos y más abajo de la tierra, que contiene el cielo y la tierra, el pasado, el presente y el futuro dime, pues, ¿de qué está tejido?"[60]

7. Yagñavalkya respondió: "Aquello que dicen que está más arriba de los cielos y más abajo de la tierra, que contiene el cielo y la tierra, el pasado, el presente y el futuro, está tejido de éter"

Gargi replicó: "¿De qué está, pues, tejido el éter?"

8. Aquél repuso: "Oh Gargi, los brahmines llaman a esto el Akshara (lo imperecedero). No es áspero ni fino, ni corto ni largo, ni rojo (como el fuego) ni fluido (como el agua); no tiene sombra, ni oscuridad, ni aire, ni éter, ni se adhiere nada; no tiene gusto, ni olor, ni ojos, ni oídos, ni habla, ni mente, ni fuerza, ni aliento, ni boca (o puerta), ni medida; no tiene interior o exterior, no devora nada ni nadie le devora a él.

9. "Por mandato de Akshara (el imperecedero), oh Gargi, el sol y la luna están separados. Por mandato de Akshara, o Gargi el cielo y la tierra están separados. Por mandato de Akshara, oh Gargi, lo que llamamos momentos (nimesha), horas (muhurta), días y noches, medio meses, meses, estaciones y años, están separados. Por mandato de Akshara, oh Gargi, algunos ríos, fluyen hacia el Este desde las montañas blancas y otros al Oeste o a cualquier otra dirección. Por mandato de Akshara, oh Gargi los hombres alaban a los santos, a los antepasados y a los dioses.

10. "Oh Gargi, quien ofrece sacrificios y practica austeridades en este mundo durante mil años, sin conocer a Akshara (el imperecedero), contemplará apenado cómo sus obras tendrán fin. Quien, sin conocer a Akshara, deja este mundo, no es más que un esclavo de él. Pero, oh Gargi, quien deja este mundo conociendo a Akshara, es un verdadero Brahmín.

11. "Ese Brahma, oh Gargi, no se puede ver, pues es la visión; no se puede oír, pues es el oído; no se puede percibir, pues es la percepción; no se puede conocer, pues es el Conocimiento. No hay nada que se pueda ver, pues él es la única visión; nada que se pueda oír, pues él es el único sonido; nada que se pueda percibir, pues él es el único Conocimiento. En ese Akshara, oh Gargi, está envuelto el éter como el tejido de una tela."

12. Entonces exclamó Gargi: "Venerables brahmines, podéis consideraros muy grandes si se os permite postraros ante él. Nadie, creo firmemente, le vencerá en ningún argumento referente a Brahma". Después de esto, Vakaknavi dejó de preguntar.

NOVENO BRAHMANA

1. Entonces Vidagdha Sakalya le preguntó: "¿Cuántos dioses hay, oh Yagñavalkya?" Aquél respondió con este himno: "Tantos como se men-

cionan en el himno de alabanza dirigido a los Visdevas, es decir, tres y trescientos, tres y tres mil".

"Sí", asintió él, y preguntó de nuevo: "¿Cuántos dioses hay en verdad, oh Yagñavalkya?"

"Treinta y tres", contestó aquél.

"Sí", asintió, y preguntó de nuevo: "¿Cuántos dioses hay en verdad, oh Yagñavalkya?"

"Seis", respondió aquél.

"Sí", dijo, y preguntó de nuevo ¿Cuántos dioses hay en verdad, oh Yagñavalkya?"

"Tres", respondió aquél.

"Sí" asintió de nuevo: "¿Cuántos dioses hay en verdad, oh Yagñavalkya?"

"Uno y medio (adhyarda)" respondió aquél.

"Sí, replicó y preguntó de nuevo de nuevo: "¿Cuántos dioses hay realmente, oh Yagñavalkya?"

"Uno", repuso él.

"Sí", replicó y preguntó de nuevo: "¿Quiénes son estos tres y trescientos, tres y tres mil?"

2. Yagñavalkya respondió: "Son sólo distintos poderes que surgen de ellos, en realidad sólo hay treinta y tres dioses".

Aquél preguntó: "¿Quiénes son esos treinta y tres?"

Yagñavalkya respondió: "Los ocho Vasas, los once Rudras y los doce Adityas. Son treinta y uno, e Indra y Pragapati hacen treinta y tres".

3. Aquél volvió a preguntar: "¿Quiénes son los Vasus?

Yagñavalkya respondió: "Agni (el fuego), Prithivi (la tierra), Vayu (el aire), Antariksha (el firmamento), Aditya (el sol), Dyu (el cielo), Kandramas (la luna), las Nakshatras (las estrellas): éstos son los Vasus, pues en ellos descansa todo lo que mora (en este mundo); por consiguiente se llaman Vasus".[61]

4. Aquél siguió preguntando: "¿Quiénes son los Rudras?"

Yagñavalkya replicó: "Los diez alientos vitales y Atman[62], el undécimo. Cuando dejan este cuerpo mortal, nos hacen llorar (rodayanti), por lo cual se llaman Rudras".

5. Aquél preguntó de nuevo: "¿Quiénes son los Adityas?

Yagñavalkya replicó: "Los doce meses del año son Adityas porque siguen un ritmo (yanti), apoderándose de todo[63] tras su paso (adadanah). Puesto que se mueven a un ritmo, apoderándose de todo, se llaman Adityas".

6. Entonces preguntó: "¿Y quién es Indra, y quién es Pragapati?" Yagñavalkya respondió: "Indra es el trueno, Pragapati es el sacrificio".

Aquél preguntó: "¿Y qué es el trueno?"

Yagñavalkya respondió: "El rayo".

Entonces preguntó: "¿Y qué es el sacrificio?"

Yagñavalkya repuso: "Los animales (del sacrificio)".

7. De nuevo preguntó: "¿Quiénes son los seis?"

Yagñavalkya respondió: "Agni (el fuego), Prithivi (la tierra), Vayu (el aire), Antariksha (el firmamento), Adithya (el sol) y Dyu (el cielo) son los seis, pues los seis son todo esto".

8. Entonces preguntó: "¿Quiénes son los tres dioses?"

Yagñavalkya respondió: "Estos tres mundos, pues en ellos existen todos estos mundos".

Aquél inquirió: "¿Quiénes son los dos dioses?"

Yagñavalkya repuso: "La comida y el aliento".

Entonces preguntó: "¿Quién es el dios y medio?"

Yagñavalkya respondió: "El que sopla".

9. Aquí algunos se preguntan. "¿Cómo es que al que sopla como uno solo se le llama uno y medio (adhyardha)?" La respuesta es: "Porque cuando sopló el viento, todo creció (adhyardhnot)".

Aquél preguntó: "¿Quién es el único dios?"

Yagñavalkya respondió: "El aliento (prana), él es Brahma".

10. Sakalya replicó: "Solamente quien conoce a esa persona[64] cuya morada (cuerpo) es la tierra, cuya visión es el fuego, cuya mente es la luz, aquel que es el principio de todo ser viviente, en verdad es un maestro, oh Yagñavalkya".

Yagñavalkya respondió: "Conozco a esta persona, el principio de todo ser, de quien tú hablas. Esta persona es llamada 'Él es él'. Pero dime, Sakalya, ¿quién es su deidad (devata)?"[65]

Sakalya respondió: "El inmortal".

11. Este siguió inquiriendo: "Solamente quien conoce a esa persona cuya morada es el amor (un cuerpo capaz de amor sensual), cuya visión es el corazón, cuya mente es la luz, el principio de todo ser, él en verdad es un maestro, oh Yagñavalkya."

Yagñavalkya replicó: "Conozco a esa persona, el principio de todo ser, de la cual tú hablas. Esta persona creada para el amor, es llamada 'Él es él'. Pero dime, Sakalya, ¿quién es su deidad (devata)?"

Sakalya replicó: "Las mujeres".[66]

12. Sakalya prosiguió: "Solamente quien conoce a esa persona cuya morada son los colores, cuya visión es el ojo, cuya mente es la luz, el principio de todo ser, en verdad es un maestro, oh Yagñavalkya."

Yagñavalkya replicó: "Conozco a esa persona, el principio de todo ser, de la cual tú me hablas. Esa persona está en el sol y es "Él es él'. Pero dime, Sakalya, ¿quien es su deidad (devata)?"

Sakalya respondió: "La verdad".

13. Sakalya continuó: "Sólo quien conoce a esa persona cuya morada es el éter, cuya visión es el oído, cuya mente es la luz, el principio de todo ser, en verdad es un maestro, oh Yagñavalkya."

Yagñavalkya respondió: "Conozco a esa persona, el principio de todo ser, de la cual tú hablas. Es la persona que oye y responde, es 'Él es él'. Pero dime, Sakalya, ¿quién es su deidad?"

Sakalya respondió: "El espacio".

14. Sakalya continuó: "Solamente quien conoce a esa persona cuya morada es la oscuridad, cuya visión es el corazón, cuya mente es la luz, el principio de todo ser, en verdad es un maestro, oh Yagñavalkya."

Yagñavalkya replicó: "Conozco a esa persona, el principio de todo ser, de la cual estás hablando. Es persona que mora en las sombras, 'Él es él'. Pero dime, Sakalya, ¿quién es su deidad?"

Sakalya respondió: "La Muerte".

15. Sakalya prosiguió: "Solamente quien conoce a esa persona cuya morada son los colores, cuya mente es la luz, el principio de todo ser, en verdad es un maestro, oh Vagñavalkya".

Yagñavalkya replicó: "Conozco a esa persona, el principio de todo ser, de la cual estás hablando. Es la persona en el espejo, 'Él es él'. Pero dime, Sakalya, ¿quién es su deidad?"

Sakalya respondió: "El aliento vital (asu)".

16. Sakalya prosiguió: "Solamente quien conoce a esa persona cuya morada es el agua, cuya visión es el corazón, cuya mente es la luz, el principio de todo ser, en verdad es un maestro, oh Yagñavalkya".

Yagñavalkya repuso: "Conozco a esa persona, el principio de todo ser, de la que estás hablando. Es la persona en el agua, 'Él es él'. Pero dime, Sakalya, ¿quién es su deidad?"

Sakalya replicó: "Varuna".

17. Aquél replicó: "Solamente quien conoce a esa persona cuya

morada es la semilla, cuya visión es el corazón, cuya mente es la luz, el principio de todo ser, en verdad es un maestro, oh Yagñavalkya".

Yagñavalkya replicó: "Conozco a esa persona, el principio de todo ser, de la cual estás hablando. Es la persona filial, 'Él es él'. Pero dime, Sakalya, ¿quién es su deidad?"

Sakalya replicó: 'Pragapati".

18. Yagñavalkya entonces dijo: "Sakalya, ¿acaso esos brahmines que no se atreven a responderme, te han escogido como víctima (anagaravakisha)?"[67]

Sakalya prosiguió: "Yagñavalkya, puesto que has descrito los Brahmanas de los Kuru-Pañkalas, ¿dime qué más manifestaciones de Brahma conoces?"

19. Yagñavalkya contestó: "Conozco los cuatro confines de la tierra con sus deidades y sus moradas".

Sakalya entonces dijo: "Si conoces los cuatro confines de la tierra con sus deidades y moradas,

20. "¿Cuál es entonces, la deidad de Oriente?"

Yagñavalkya respondió: "Aditya (el sol)".

Sakalya continuó: "¿Dónde mora Aditya?

Yagñavalkya repuso: "En el ojo".

Sakalya prosiguió: "¿Dónde mora el ojo?"

Yagñavalkya respondió: "En los colores, pues con el ojo él ve los colores."

Sakalya continuó: "¿Y dónde moran los colores?"

Yagñavalkya respondió: "En el corazón, pues en el corazón conocemos los colores".

Sakalya respondió: "Así es, en verdad, oh Yagñavalkya".

21. Aquél prosiguió: "¿Cuál es la deidad del Sur?"

Yagñavalkya contestó: "Yama".

Sakalya inquirió: "¿Dónde mora Yama?

Yagñavalkya respondió: "En el sacrificio".

Sakalya siguió: "¿Dónde mora el sacrificio?"

Yagñavalkya repuso: "En Dakshina (los presentes entregados a los sacerdotes)".

Sakalya prosiguió: "¿Dónde habita Dakshina?"

Yagñavalkya contestó: "En Sraddha (la fe), pues si un hombre cree, se entrega a Dakshira, pues Dakshira mora firmemente en la fe".

Sakalya preguntó: "¿Y dónde mora la fe?"

Yagñavalkya repuso: "En el corazón, pues la fe se conoce con el corazón, y por consiguiente la fe mora en el corazón".

Sakalya asintió: "Así es, en verdad, oh Yagñavalkya".

22. Sakalya siguió preguntando: "¿Cuál es la deidad de Occidente?"

Yagñavalkya respondió: "Varuna".

"¿Dónde mora Varuna?

"¿Y dónde mora el agua?"

"En la semilla."

Sakalya entonces preguntó: "¿Y dónde mora la semilla?" Yagñavalkya contestó: "En el corazón. Por consiguiente dicen que un hijo es como su padre, que parece haber salido de su propio corazón, o hecho de su propio corazón, pues la semilla mora en el corazón".

Sakalya asintió: "Así es, en verdad, oh Yagñavalkya."

23. Sakalya siguió insistiendo: "¿Cuál es la deidad del Norte?"

Yagñavalkya respondió: "Soma".

"¿Dónde mora Soma?"

"En Diksha".[68]

"¿Dónde mora entonces Diksha?"

"En la Verdad; por consiguiente dicen que quien ha realizado los sacrificios de Diksha dice la verdad, pues Diksha mora en la Verdad."

Sakalya entonces preguntó: "¿Y dónde mora la Verdad?"

Yagñavalkya replicó: "En el corazón, pues sólo desde el corazón decimos lo que es verdad; ciertamente es allí donde mora la Verdad".

Sakalya asintió: "Así es, oh Yagñavalkya".

24. Sakalya siguió preguntando: "¿Cuál es la deidad del cenit?

Yagñavalkya contestó: "Agni".

"¿Dónde mora Agni?

"En el habla."

"¿Y dónde mora el habla?"

"En el corazón."

¿Y dónde mora el corazón?"

25. Yagñavalkya replicó: "¡Oh Ahallika![69] Si crees que el corazón puede estar fuera de nosotros, entonces los perros podrían comerlo, o los pájaros destrozarlo a picotazos".

26. Sakalya preguntó a su vez: "¿Y dónde moras tú (tu cuerpo) y tu Ser (tu corazón)?"

Yagñavalkya contestó: "En el Prana (aliento)".

Sakalya prosiguió: "¿Dónde mora el Prana? "

Yagñavalkya respondió: "En el Apana (aliento inferior)". "¿Dónde mora el Apana?"

"En el Vyana[70] (el aliento que retiene a los otros alientos)".

Sakalya prosiguió: "¿Dónde mora el Vyana?

Yagñavalkya respondió: "En el Udana (aliento exterior)".[71]

Sakalya entonces preguntó "¿Y dónde mora el Udana?" Yagñavalkya replicó: "En el Samana.[72] Ese ser (atman) debe ser descrito a través de '¡No, no!'. Es incomprensible, pues no puede ser comprendido es imperecedero, pues no puede perecer; está libre de todas las ataduras, pues no se puede atar a sí mismo; ciertamente está libre de todo sufrimiento y error.

"Estas son sus ocho moradas (la tierra, etcétera), sus ocho mundos (el fuego, etcétera), sus ocho dioses (el inmortal, la comida, etcétera), sus ocho personas[73] (la corpórea, etcétera). Después de dividir y unir a estas personas (dividirlas en sus distintas moradas y unirlas finalmente en el corazón), el Ser, enseñado en los Upanishads, traspasa todos los límites (va más allá del Samana). Ahora te pregunto yo a ti que me expliques el estado del Ser más allá de toda división. Si no eres capaz de explicármelo, tu cabeza se desprenderá de tu cuerpo."

Sakalya no conocía el estado puro del Ser, por lo que su cabeza cayó rodando por el suelo. Al poco tiempo unos ladrones que pasaban por allí vieron sus huesos y los robaron, confundiéndolos por algo de valor.

27. Entonces Yagñavalkya exclamó: "Reverendos brahmines quien de entre vosotros lo desee, que me pregunte, o preguntadme todos vosotros si así lo deseáis; o preguntaré yo a alguien de entre vosotros, o a todos vosotros".

Pero los brahmines no se atrevieron a hacer ninguna pregunta.

28. Entonces Yagñavalkya les puso a prueba con estos Slokas:

1. "Como un gran árbol en el bosque, así en verdad es el hombre; sus cabellos son las hojas, su piel exterior la corteza.

2. "Igual que la sangre sale por la piel del hombre y la savia por la piel del árbol, de igual forma la sangre de un hombre herido fluye al exterior como la savia de un árbol cuando es derribado.

3. "Las partes de carne son las capas de madera del árbol y sus fibras tan fuertes como los tendones humanos. Los huesos del hombre

es la madera dura del interior y la médula humana está hecha como la médula del árbol.

4. "Sin embargo, el árbol cuando es derribado, crece de nuevo por la raíz con más fuerza todavía; respóndeme, pues, a esta pregunta: ¿acaso un mortal vuelve a crecer después de haber sido cortado por la muerte?

5. "No digáis: 'vuelve a nacer de la semilla', pues la semilla surge de un ser vivo; sin embargo un árbol surge de un grabo, que claramente nace después de la muerte.

6 "Si un árbol es arrancado de raíz, no crecerá de nuevo; ¿de qué raíz entonces, decidme, crece un mortal, después de haber sido cortado por la muerte?

7. "Una vez nacido, no nace otra vez; ¿quién le crea, pues, de nuevo en otro cuerpo?

"Sólo Brahma puede hacerle nacer de nuevo, pues sólo él es Conocimiento y dicha, el principio y raíz de todo ser vivo."

CUARTO ADHAYA

PRIMER BRAHMANA

1. Ganaka Vaideha se acercó a Yagñavalkya y le preguntó: "Yagñavalkya, ¿con qué fin viniste: por deseo de ganado o por cuestiones sutiles?

Yagñavalkya replicó: "Por ambas cosas, majestad".

2. "Oigamos pues, lo que te han enseñado."

Ganaka Vaideha respondió: "Gitvan Saidini me dijo que el habla es Brahma".

Yagñavalkya replicó: "Si Saidini te ha dicho que Brahma es el habla, ¿por qué entonces existen mudos? ¿No te habló acaso del cuerpo (ayatana) y el lugar de descanso (pratishtha) de Brahma (de esa manifestación de Brahma)?"

Ganaha Vaideha respondió: "No me habló de eso".

"Majestad", añadió Yagñavalkya, "esto se basa en un pie solamente".74

Ganaka Vaideha repuso: "Cuéntame entonces lo que falta, Yagñavalkya".

Yagñavalkya le explicó: "La lengua es su cuerpo y el éter su lugar, así pues, el habla debería ser adorada como el Conocimiento".

El rey, entonces, preguntó: "¿Cuál es, pues, la naturaleza de ese conocimiento?"

Yagñavalkya respondió: "Majestad, es el habla. Pues a través del habla, se conoce a un amigo, y así como se conoce a través del habla el Rig-veda, Yagñavalkya Sama-veda, los Atharvangirasas, el Itihasa (tradición), Purana-vidya (conocimiento del pasado), los Upanishads, Slokas (versos), Sutras (rejas), Anunvyakayanas y Vyakahyanas (comentarios, etcétera), de igual forma a través del habla se conoce lo que es sacrificado, lo que es comido y bebido, este mundo, el otro mundo y todas las criaturas. Por el habla únicamente, majestad, Brahma es conocido, pues en verdad el habla es el Supremo Brahma. El habla no abandona a aquel que adora al Brahma con tal Conocimiento; ciertamente todas las criaturas se acercan a tal persona, pues, convirtiéndose en dios, va a los dioses."

Ganaba Vaideha exclamó: "Por esto te voy a dar un millar de vacas con un toro tan grande como un elefante".

"Mi padre", repuso Yagñavalkya "era de la opinión de que no se debería aceptar recompensa alguna sin haber instruido completamente a un discípulo

3. Éste prosiguió: "Escuchemos pues, lo que te han enseñado".

Ganaha Vaideha continuó: "Udanka Saulbayana me enseñó que la vida (prana) es Brahma".

Yagñavalkya replicó: "Si Udanka Saulbayana te enseñó que la vida es Brahma, ¿por qué hay un estado en que la persona deja de tener vida? ¿No te habló acaso del cuerpo y del lugar de descanso de ese Brahma (de esa manifestación de Brahma)?"

Ganaha Vaideha respondió: "No me habló de eso"

"Majestad", añadió Yagñavalkya "esto se basa en un pie solamente."

"Cuéntame, pues, Yagñavalkya dijo el rey.

Yagñavalkya entonces le explicó: "El aliento es su cuerpo y el éter su lugar; así pues, la vida debería ser adorada como lo más querido".

Ganaha Vaideha siguió preguntando: "¿Cuál es entonces la naturaleza de eso que es querido?"

"Majestad, es la vida en sí misma", respondió Yagñavalkya "pues por la vida, un hombre hace sacrificios para cualquier ser indigno, acepta presentes de quien no debería ofrecérselos y abandona el lugar donde vive para ir a países donde correrá el riesgo de ser herido: todo esto por su vida. La vida, oh Rey, es el Brahma Supremo. La vida no abandona a aquél que la adora con tal conocimiento; en verdad todas las criaturas se acercan a tal persona, pues convirtiéndose en dios, va a los dioses."

Ganaha Vaideha exclamó: "Por esto te voy a dar mil vacas y un toro tan grande como un elefante".

"Mi padre", repuso Yagñavalkya "era de la opinión de que no se debería aceptar recompensa alguna sin haber instruido completamente a un discípulo."

4. Este entonces prosiguió: "Escuchemos lo que te han enseñado".

Ganaha Vaideha respondió: 'Barku Varshna me enseñó que la vista (Kakshus) es Brahma".

Yagñavalkya entonces replicó: "Si Barku Varshna te enseñó que la vista es Brahma, ¿por qué entonces existen ciegos? ¿No te enseñó acaso del cuerpo y del lugar de descanso de ese Brahma (de esa manifestación de Brahma)?"

Ganaha Vaideha contestó: "No me habló de ello".

"Majestad", exclamó Yagñavalkya "esto se apoya en un solo pie".

Ganaba Vaideha repuso: "Cuéntame, pues, Yagñavalkya".

Yagñavalkya pues, le explicó: "El ojo es su cuerpo y el éter su lugar; así pues, debería ser adorado como 1., verdadero".

"¿Cuál es, pues, la naturaleza de la verdad?", preguntó el rey.

Aquél replicó: "Majestad, es la vista; pues si a un hombre que ve con sus ojos le preguntan: '¿Me has visto?' y responde: 'Sí, te he visto', dice la verdad. La vista, oh Rey, es el Supremo Brahma. La vista no abandona a aquel que adora a Brahma con tal Conocimiento; en verdad todas las criaturas se acercan a tal hombre pues, convirtiéndose en dios, va a los dioses".

Ganaha Vaideha exclamó: "Por esto te daré mil vacas y un toro tan grande como un elefante".

"Mi padre era de la opinión de que no se debería aceptar recompensa alguna sin haber instruido completamente a un discípulo", repuso Yagñavalkya.

5. Este continuó: "Sigamos escuchando lo que te han enseñado".

"Gardabhivibhita Bharadyaga me enseñó que el oído (srotra) es Brahma", respondió el rey.

Yagñavalkya replicó: "Si Gardabhivibhita te enseñó que el oído es Brahma, ¿por qué entonces existen sordos? ¿No te habló acaso del cuerpo y del lugar de reposo de Brahma?"

"No me habló de ello", contestó Ganaha Vaideha.

Entonces Yagñavalkya exclamó: "Majestad, esto se apoya en un solo pie".

"Cuéntame, pues, Yagñavalkya", respondió el rey

Yagñavalkya le explicó: "La oreja es su cuerpo y el éter su lugar. Por consiguiente nosotros deberíamos adorarle como lo infinito".

Entonces Ganaha Vaideha preguntó: "¿Cuál es, pues, la naturaleza de lo que es infinito?"

"Majestad, es el espacio (disah), pues sea cual sea la dirección en que vayamos nunca llegamos al final. Por consiguiente el espacio es infinito. Ciertamente, oh rey, el espacio es el oído, y el oído es el Supremo Brahma. El oído no abandona a aquel que adora a Brahma con tal Conocimiento; ciertamente todas las criaturas se acercan a tal hombre, pues, convirtiéndose en dios, va a los dioses."

Entonces Ganaha Vaideha exclamó: "Por esto te voy a dar un millar de vacas y un toro tan grande como un elefante".

Yagñavalkya replicó: "Mi padre era de la opinión de que no se debería aceptar recompensa alguna sin haber instruido completamente a un discípulo".

6. Éste prosiguió: "Sigamos escuchando, pues, lo que te han enseñado".

"Satyakama Gabala me enseñó que la mente (manas) es Brahma", respondió Gnaha Vaideha.

"Si Satyakama Gabala te enseñó que la mente es Brahma, ¿por qué entonces existen personas sin mente? ¿No te habló acaso del cuerpo y del lugar de descanso de Brahma?"

"No me habló de ello", respondió el rey.

"Majestad, esto se apoya en un solo pie." "Cuéntame, pues Yagñavalkya."

Éste continuó explicando: "La mente es su cuerpo y el éter su lugar, por consiguiente nosotros deberíamos adorarle como la dicha".

"¿Cuál es, pues, la naturaleza de la dicha?"

"Majestad, es la mente en sí misma, pues con la mente un hombre desea a una mujer, y con la mente un hijo nace de la madre, llenando de dicha a toda la familia. La mente, en verdad, oh Rey, no abandona a aquel que le adora con tal Conocimiento; ciertamente todas las criaturas se acercan a tal hombre, pues convirtiéndose en dios, va a los dioses."

El rey exclamó: "Por esto te daré un millar de vacas y un toro tan grande como un elefante".

Yagñavalkya replicó: "Mi padre era de la opinión de que no se debería aceptar recompensa alguna sin haber instruido completamente a un discípulo".

7. Éste prosiguió: "Escuchemos, pues, lo que te han enseñado".

El rey respondió: "Vidagdha Sakalya me enseñó que el corazón (hridaya) es Brahma".

"Si Vidagdha Sakalya te enseñó que el corazón es Brahma", replicó

Yagñavalkya replicó: "El Sol, oh Rey, pues con la luz del sol, el hombre se sienta, se mueve y trabaja".

Ganaka Vaideha asintió: "Así es, en verdad, oh Yagñavalkya".

3. Aquél siguió preguntando: "Cuando el sol se ha puesto, oh Yagñavalkya, ¿dónde está entonces la luz del hombre?"

Yagñavalkya respondió: "La luna en verdad es entonces su luz, pues con la luz de la luna por luz, el hombre se sienta, se mueve y trabaja".

El rey asintió: "Así es, en verdad, oh Yagñavalkya

4. Aquél continuó preguntando: "Cuando el sol y la luna se han puesto, oh Yagñavalkya, ¿dónde está la luz del hombre?"

Yagñavalkya repuso: "El fuego en verdad es su luz, pues con el fuego por luz el hombre se sienta, se mueve y trabaja".

5. Ganaka Vaideha prosiguió: "Cuando el sol y la luna se han puesto, oh Yagñavalkya y el fuego se ha apagado, ¿dónde está entonces la luz del hombre?"

Yagñavalkya replicó: "El sonido en verdad es su luz, pues con el sonido por luz el hombre se sienta, se mueve y trabaja. Por consiguiente, oh Rey, cuando está tan oscuro que uno ni siquiera puede ver su propia mano, el hombre se dirige adonde suena un ruido.

Ganaha Vaideha asintió: "Así es en verdad, oh Yagñavalkya".

6. Aquél siguió inquiriendo: "Cuando el sol y la luna se ha puesto, oh Yagñavalkya y el fuego ha sido apagado y el sonido acallado, ¿dónde está la luz del hombre?"

Yagñavalkya respondió: "El Ser en verdad es su luz, pues teniendo al Ser por luz, el hombre se sienta, se mueve y trabaja".

7. Ganaka Vaideha preguntó entonces: "¿Quién es ese Ser?

Yagñavalkya replicó: "Aquel que mora en el interior de corazón, rodeado por los Pranas (sentidos), la persona de luz que consiste en el conocimiento. El Ser, permaneciendo en su esencia, vaga por los dos mundos,[79] ya sea pensando, ya moviéndose. Durante el sueño trasciende este mundo y todas la formas de la muerte.

8. "Cuando la persona nace, el Ser toma posesión de su cuerpo, uniéndose con todo lo malo, mas cuando se va y muere se desprende de todo lo maligno

9. "Hay dos estados para la persona, uno en este mundo y el segundo en el otro mundo; y aún hay un estado intermedio, el estado de

sueño. Cuando se está en el estado intermedio, se ven los dos estados a la vez: uno aquí en este mundo y el otro en el otro mundo.

"Cuando la persona está durmiendo, si consigue desprenderse de todas las sensaciones mundanas, alcanza el estado de sueño y es envuelta en su propia luz. En ese estado la persona es auto-iluminada.

10. "No hay carros verdaderos en ese estado, ni caballos, ni caminos; sin embargo la persona crea carros, caballos y caminos. Allí no hay bendiciones, ni felicidad, ni alegría; sin embargo, la persona crea bendiciones, felicidad y alegría. Allí no hay estanques, ni lagos, ni ríos; sin embargo, la persona crea estanques, lagos y ríos. En ese estado la persona es en verdad el hacedor.

11 "Sobre esto existen estos versos:

'Después de haberse desprendido en el sueño de todo lo que pertenece al cuerpo, la persona, que no se halla dormida, observa los sentidos dormidos, tras lo cual igual que el pájaro que retorna a su nido, tomando la forma de la luz va su propio lugar de reposo.

12. "Desde allí el inmortal va a donde le place, igual que el pájaro que abandona momentáneamente el nido para revolotear de rama en rama.

13. "Ascendiendo y descendiendo en su sueño, el dios del sueño manifiesta múltiples formas para sí mismo, ya gozando con mujeres, o bien riendo con sus amigos o contemplando terribles visiones.

14. "La gente puede ver el lugar de juego de la persona, mas nadie puede verla a ella. Por eso dicen: 'Que nadie despierte a un hombre de repente, pues en ese estado corre el peligro de no poder volver a su cuerpo'.

"Sobre esto algunos disienten: 'No, el sueño es igual que la vigilia, pues lo que uno ve en estado de vigilia también lo puede ver cuando está dormido. Sin embargo no es así, pues en el estado de sueño la persona está auto-iluminada (tal como ha sido explicado anteriormente)."

Entonces Ganaka Vaideha exclamó: "Te doy mil vacas más. Sigue hablando por el bien de mi liberación".

15. Yagñavalkya prosiguió: "La persona, después de sumergirse en el estado de dicha (samprasada o estado de sueño profundo) y ver lo bueno y lo malo, retorna de nuevo al estado anterior, el estado de sueño donde no es afectado por todo lo que ha visto en el estado anterior, pues la persona no está atada a nada".

Ganaka Vaideha asintió: "Así es en verdad, Yagñavalkya. Te doy mil vacas más. Sigue hablando por el bien de mi liberación".

16. Yagñavalkya prosiguió: “La persona, después de gozar del estado de sueño (sueño no profundo) y ver lo bueno y lo malo, retorna de nuevo al estado anterior, el estado de vigilia, donde no es afectado por todo lo que ha visto en el estado anterior, pues la persona no está atada a nada”.

Ganaka Vaideha asintió: “Así es en verdad, Yagñavalkya. Te doy mil vacas más. Sigue hablando por el bien de mi liberación”.

17. Aquél continuó: “La persona, después de gozar del estado de vigilia y ver lo bueno y lo malo, retorna de nuevo al estado anterior, al estado de sueño, aquel donde empezó.

18. ”Y al igual que un pez grande se mueve entre las dos orillas de un río, así la persona se mueve entre estos dos estados, el estado de sueño y el estado de vigilia.

19. ”Y al igual que un halcón que, después de vagar por e aire, preso del cansancio, dobla las alas y vuela hacia su nido del mismo modo la persona retorna al estado de vigilia cuando no tiene más deseos que le hagan seguir soñando.

20. ”En su cuerpo hay unas venas llamadas Hita que son las pequeñas como la milésima parte de un cabello. Cuando sueña que le matan, o le vencen, o que un elefante le persigue, que cae a un pozo, la ignorancia le hace imaginar el mismo peligro que suele ver en estado de vigilia. Pero cuando imagina lo que antes era en realidad, un dios o un rey, entonces se halla en su estado supremo.

21. ”Esta en verdad es su forma, libre de deseos, libre del mal y del temor. Igual que un hombre abrazado por su amada esposa no percibe nada del exterior ni del interior, así la persona, cuando es abrazada por el Ser inteligente (pragña), no percibe nada en el exterior ni nada en el interior. Esta en verdad es su verdadera forma, en la que sus deseos son satisfechos, en la que el Ser es su único deseo y en la que no permanece deseo ni dolor alguno.

22. ”En ese estado verdadero un padre no es un padre, un madre no es una madre, los mundos no son los mundos, lo dioses no son los dioses y los Vedas no son los Vedas. En es estado un ladrón verdadero no es un ladrón, un asesino no es un asesino, un Kandala no es un Kandala, un Paulkasa no es un Paulkasa, un Sramana no es un Sramana y un Tapasa no es un Tapasa. No le sigue el bien ni el mal, pues ha vencido todo el dolor del corazón.

23. "Allí sin ver, ve, pues la verdadera visión es imperecedera, inseparable del poder que ve. Allí no hay segundo alguno, pues la persona está completamente sumergida en lo que ve.

24. "Allí sin oler huele, pues el verdadero olfato es imperecedero, inseparable del olor que huele. Allí no hay segundo alguno pues la persona está totalmente sumergida en lo que huele.

25. "Allí sin gustar, gusta, pues el verdadero gusto es imperecedero, inseparable del poder que gusta. Allí no hay segundo alguno, pues la persona está completamente sumergida en lo que gusta.

26. "Allí sin hablar, habla, pues la verdadera palabra es imperecedera, inseparable del poder que habla. Allí no hay segundo alguno, pues la persona está totalmente sumergida en lo que habla.

27. "Allí sin oír oye, pues el verdadero oído es imperecedero, inseparable del poder que oye. Allí no hay segundo alguno, pues la persona está profundamente sumergida en lo que oye.

28. "Allí sin pensar, piensa, pues el verdadero pensamiento es imperecedero, pues es inseparable del poder que piensa. Allí no hay segundo alguno, pues la persona esta profundamente sumergida en lo que piensa.

29. "Allí sin tocar, toca, pues el verdadero tacto es imperecedero, inseparable del poder que toca. Allí no hay segundo alguno, pues la persona está completamente sumergida en lo que toca.

30. "Allí sin conocer, conoce, pues el verdadero conocimiento es imperecedero, inseparable del poder que conoce. Allí no hay segundo alguno, pues la persona está sumergida en lo que conoce.

31. "Cuando (en el sueño y en la vigilia) está otro, entonces puede ver al otro, oler al otro, hablar al otro, oír al otro, penar en el otro, tocar al otro y conocer al otro.

32. "El océano es el vidente sin dualidad; éste es el mundo de Brahma, oh Rey", exclamó Yagñavalkya. "Esta es la meta suprema, el logro más alto, el mundo más elevado, la dicha suprema. Todas las demás criaturas viven una pequeña porción de esa dicha.

33. "Cuando un hombre goza de buena salud y riqueza, es señor de otros y se rodea de todos los gozos humanos, ésa es para los hombres la más grande bendición humana. Sin embargo cien de estas bendiciones humanas no son más que una bendición de los antepasados que han conquistado el mundo (de los antepasados). Cien bendi-

ciones de los antepasados que han conquistado este mundo no son más que una bendición en el mundo de los Gandharvas. Cien bendiciones en el mundo de los Gandharvas no son más que una bendición en el mundo de los que han alcanzado el estado divino de los Devas mediante acciones y sacrificios. Cien bendiciones en el mundo de los que han alcanzado el estado divino de los Devas mediante acciones y sacrificios no son más que una bendición en el mundo de los Devas de nacimiento o en el mundo de un Srotriya libre de pecado y de deseo. Cien bendiciones de los Devas de nacimiento no son más que una bendición en el mundo de Pragapati o en el mundo de un Srotriya libre de pecado y de deseo. Cien bendiciones en el mundo de Pragapati no son más que una bendición en el mundo de Brahma o en el mundo de un Srotriya libre de pecado y de deseo. Esta es la bendición más elevada.

"Este es el mundo de Brahma, oh rey", exclamó Yagñavalkya.

Mas Ganaka Vaideha le exhortó a continuar: "Te doy mil vacas más. Sigue hablando por el bien de mi liberación".

En este punto Yagñavalkya temió que el rey, ávido de la sabiduría que estaba adquiriendo, pudiera echarle de su posición.

34. Sin embargo, Yagñavalkya prosiguió: "La persona, habiendo gozado en el estado de sueño, y después de haber visto lo bueno y lo malo, vuelve al estado donde empezó, al estado de vigilia.

35. "Y al igual que un carruaje pesado se mueve con dificultad, gimiendo, así este Ser incorpóreo, montado por este Ser inteligente, se mueve con dificultad, gimiendo, cuando alguien está a punto de expirar.

36. "Y cuando (el cuerpo) se vuelve débil por vejez o enfermedad, entonces la persona se separa de sus miembros, igual que un Amra (mango) o Udumbara (higo) se separa del tallo, volviendo de nuevo al lugar donde empezó a la vida.

37. "Y al igual que los gobernadores, magistrados y policías esperan al rey que tiene que volver, así todos los elementos esperan a aquel que conoce, diciendo: 'Brahma viene, Brahma se acerca'.

38. "Y al igual que los gobernadores, magistrados y policías se reúnen en tomo a un rey cuando está a punto de fallecer, así todos los sentidos se reúnen en tomo al Ser en el momento de la muerte, cuando el hombre está a punto de expirar."

CUARTO BRAHMANA

1. Yagñavalkya continuó "Ahora bien, cuando ese Ser, habiéndose hundido en la debilidad, por decirlo así, se hunde en la inconsciencia, entonces reúne los sentidos (pranas), y llevándose consigo esos elementos de luz, desciende hacia el corazón. Cuando esa persona que se encuentra en el ojo se marcha, entonces cesa de conocer las formas.

2. "'Se ha hecho uno', dicen 'no ve'. 'Se ha hecho uno', dicen, 'no tiene olfato'. 'Se ha hecho uno', dicen, 'no tiene gusto'. 'Se ha hecho uno', dicen, 'no habla'. 'Se ha hecho uno', dicen, 'no oye'. 'Se ha hecho uno', dicen, 'no piensa'. 'Se ha hecho uno', dicen, 'no tiene tacto'. 'Se ha hecho uno', dicen, 'no conoce'. El punto de su corazón se ilumina, y a través de esa luz el Ser se marcha, o a través del ojo, o a través del cráneo, o a través de otros lugares del cuerpo. Y cuando se va de esta forma, la vida (el prana principal) se va después de él, y al irse así la vida, todos los demás espíritus vitales (pranas) se marchan después de ella. Él, consciente y lleno de conocimiento emprende su partida.

"Entonces su conocimiento y su trabajo y su relación con las cosas anteriores se apoderan de él.

3. "Y al igual que una oruga, que después de haber llegado al final de una brizna de hierba, y después de haber hecho otra tentativa (hacia otra brizna), se dirige hacia ella, del mismo modo actúa el Ser, que después de haberse despojado de este cuerpo y disipada toda la ignorancia, y después de hacer otra tentativa (a otro cuerpo), se dirige hacia él.

4. "Y del mismo modo que un orfebre coge una pieza de oro, y la convierte en otra más nueva y más hermosa de forma, asimismo hace este Ser, que después de haberse despojado de este cuerpo y disipada toda la ignorancia, hace de sí mismo otro, más nuevo y de una forma más bella, ya sea como los antepasados, los Gandharvas,[80] o como los Devas[81] o como Pragapati,[82] o como Brahma, o, como otros Seres.

5. "Sin lugar a dudas ese Ser es Brahma, que consiste en el Conocimiento, mente, vida, vista, oído, tierra, agua, viento, éter, luz y no luz, deseo y no deseo, ira y no ira, correcto o incorrecto y todas las cosas. Un hombre será de una u otra forma según actúe y según se comporte; un hombre que hace buenas acciones llegará a ser un hombre bueno, y un hombre que hace malas acciones, será malo. El hombre se vuelve puro por las buenas acciones y malo por las malas acciones.

"Y dicen que una persona consta de deseos. Y según sea su deseo así será su voluntad; y según sea su voluntad así serán sus acciones; y según sean las acciones que realice, así serán los frutos que recoja."

6. "Y este verso dice: 'Cualquiera que sea el objeto al que esté apegada la mente del hombre, hacia él se dirige ardientemente junto con su acción; y habiendo obtenido los últimos resultados de cualquier acción que realiza aquí en la tierra, él vuelve de nuevo de ese mundo (que es el premio temporal de su acción) a este mundo de la acción'.

"Eso lo que le sucede al hombre que desea. Pero en lo que respecta al hombre que no desea, que, sin desear, está satisfecho en sus deseos, o desea solamente al Ser, sus espíritus vitales no se van a otro lugar; siendo Brahma, él va a Brahma.

7. "Y sobre esto existe este verso: 'Cuando quedan liberados todos los deseos que una vez entraron en su corazón, entonces el mortal se vuelve inmortal, entonces llega a Brahma'.

"Y de igual modo que la piel de una serpiente yace sobre una colina de hormigas, muerta y mudada, así yace este cuerpo; pero ese espíritu inmortal desencarnado (prana, vida) es solamente Brahma, es solamente luz.

8. "Sobre este tema existen estos versos:

'El antiguo y estrecho camino que cruza hasta la otra orilla ha sido hallado por mí. En él los sabios que conocen a Brahma llegan hasta el Svarga-loka (cielo), y de ahí continúan más alto, hasta la completa liberación.

9. "'En ese camino dicen que hay blanco, o azul, o amarillo, o verde, o rojo; ese camino fue hallado por Brahma, y en él camina todo aquel que ha conocido a Brahma, el que ha hecho bien y ha obtenido la gloria.'

10. "Todos los que adoran lo que no es el conocimiento (avidya) entran como ciegos en la oscuridad: aquellos que se deleitan en el falso conocimiento, entran, por así decirlo, en una mayor oscuridad.

11. "Por supuesto existen esos mundos malditos, llenos de oscuridad. Los hombres ignorantes y no iluminados después de la muerte van a esos mundos.

12. "Si un hombre comprende el Ser, diciendo: 'Yo soy Él', ¿por qué querría sufrir una vez más los dolores inherentes al cuerpo?

13. "Aquel que ha encontrado y comprendido el Ser, que ha entrado en este escondido lugar, él es sin duda el creador, porque él es el hacedor de todas las cosas, suyo es el mundo y él es el mundo mismo.

14. ”Mientras estamos aquí, podemos conocer esto; si no, soy ignorante,[83] y me encuentro presa de una gran ignorancia. Aquellos que lo saben, se vuelven inmortales, pero los demás sin duda encuentran el sufrimiento.

15. ”Si un hombre ve claramente a este Ser como a Dios, y como al señor de todo lo que existe y existirá, entonces deja de temer.

16. ”Aquel detrás del cual gira el año con sus días, a él los dioses adoran como la luz de las luces, como el tiempo inmortal.

17. ”Aquel en quien descansan los cinco seres[84] y el éter, sólo a él acepto como al Ser; al Yo que conoce, acéptale como Brahma; al yo le es inmortal, acéptale como inmortal.

18. ”Aquellos que conocen la vida de la vida, el ojo del ojo, el oído del oído, la mente de la mente, ellos han comprendido al antiguo, primitivo Brahma.

19. ”Debe ser percibido sólo por la mente, en ello no hay diversidad. Aquel que percibe en esto cualquier diversidad, va de la muerte a la muerte.

20. ”Este ser eterno nunca puede ser probado, debe ser percibido sólo de una forma; es inmaculado, más allá del éter, el Ser sin nacimiento, grande y eterno.

21. ”Que el sabio brahmín, después de haberle descubierto, practique la sabiduría. Que no busque muchas palabras, porque eso no es nada más que debilidad de la lengua.

22. ”Y él es ese gran Ser sin nacimiento, cuya esencia es el conocimiento, y que está rodeado de los Pranas, el éter dentro del corazón. En él reposa el gobernador de todo, el Señor de todo, el rey de todo. El no se vuelve superior haciendo buenas acciones, ni inferior haciendo malas acciones. Él es el Señor de todas las cosas, el rey de todo, el protector de todas las cosas. Él es una orilla y una frontera, para que esos mundos no puedan ser confundidos. Los brahmines buscan conocerle por el estudio de los Vedas, mediante sacrificios, ofrendas, penalidades y ayunos, y aquel que le conoce se convierte en Muni. Deseando ese mundo solamente, los mendicantes abandonan sus hogares.

”Sabiendo esto, la gente de antaño no deseaban descendencia. Decían: ‘¿Qué haremos nosotros con descendencia, después de haber conocido este Ser y este mundo (de Brahma)?’ Y ellos, habiéndose elevado por encima del deseo de tener hijos, riqueza y nuevos mundos, vagan como mendicantes. Porque el deseo de hijos es deseo de riqueza, y el deseo de riqueza es deseo de mundos. Y por supuesto ambos son solamente deseos. Él, el Ser, debe ser descrito mediante las palabras: '¡No, no!'[85] Él es incomprensible, porque no puede ser comprendido; es imperecedero porque no puede perecer; está desapegado, porque carece de apegos; libre, no sufre, no se acaba. Si por alguna razón ha hecho algo malo, o por alguna razón ha hecho algo bueno, no importa, y ni lo que él ha hecho, ni lo que ha omitido, le afecta.

23. "Esto ha sido expresado en un verso: 'Esta eterna grandeza del Brahmana no crece más por el trabajo, ni tampoco decrece. Que el hombre encuentre su camino, porque habiéndolo encontrado, ya no es mancillado por ninguna mala acción'.

"Por lo tanto aquel que lo conoce, después de haberse acallado y dominado, y encontrándose en un estado de satisfacción, paciente y recogido, ve al ser en el Ser, ve como el Ser a todos. El mal no le domina, él domina todo el mal. El mal no le quema, él quema todo el mal. Libre del mal, inmaculado, libre de toda duda, se convierte en un (verdadero) brahmín; éste es el mundo de Brahma, oh Rey", así habló Yagñavalkya.

Ganaka Vaideha dijo: "Señor, te entrego a los Videhas, y también a mí mismo, para juntos ser tus esclavos".

24. Sin duda éste es el gran Ser, el no nacido, el fuerte, el dador de la riqueza. Aquel que conoce esto obtiene riqueza.

25. Este gran Ser, no nacido, eterno inmortal, intrépido, es sin duda Brahma. Intrépido es Brahma, y el que conoce esto se convierte en verdad en el intrépido Brahma.

QUINTO BRAHMANA

1. Yagñavalkya tenía dos mujeres, Maitreyi y Katyayani. De ellas dos, Maitreyi tenía trato con Brahma, Pero Katyayani poseía el mismo conocimiento que las demás mujeres. Y Yagnavalkya, cuando deseó prepararse para otro estado de vida (cuando quiso renunciar al estado de padre de familia, y retirarse al bosque),

2. dijo: "Maitreyi, en verdad me voy de mi casa al bosque. Por lo tanto, déjame hacer un arreglo entre tú y Katyayani".

3. Maitreyi dijo: “Mi señor, si toda esta Tierra, llena de riquezas, me perteneciera, dime, ¿me volvería inmortal por ello o no?”

“No”, replicó Yagñavalkya tu vida sería como la de la gente rica. Pero por riqueza no hay esperanza de inmortalidad”.

4. Y Maitreyi dijo: “¿Qué debo hacer con todo eso que no me ayuda a volverme inmortal? Dígame mi Señor claramente lo que conoce de la inmortalidad

5. Yagñavalkya replicó: “Tú eres verdaderamente querida para mí, tú has acrecentado lo que para mí es querido en ti. Por lo tanto, si quieres, mi Señora, te lo explicaré, y pon mucha atención en lo que digo”.

6. Y él dijo: “En verdad, un marido no es preciado para que ames al marido; pero si es para amar al Ser, entonces un marido es preciado.

”En verdad, una esposa no es preciada, para que ames a la esposa; pero si es para amar al Ser, entonces una esposa es preciada.

”En verdad, los hijos no son preciados, para que ames a los hijos; pero si es para amar al Ser, entonces los hijos son preciados.

”En verdad, la riqueza no es preciada para que ames la riqueza; pero si es para amar al Ser, entonces la riqueza es preciada.

”En verdad, el ganado no es preciado para que ames al ganado; pero. si es para amar al Ser, entonces el ganado es preciado.

”En verdad, la casta Brahmín no es preciada para que ames la clase Brahmín; pero si es para amar al Ser, entonces la clase Brahmín es preciada.

”En verdad, la casta Kshatra no es preciada para que ames la clase Kshatra; pero si es para amar al Ser, entonces la clase Kshatra es preciada.

”En verdad, los mundos no son preciados para que ames los mundos; pero si es para amar al Ser, entonces los mundos son preciados.

”En verdad, los Devas no son preciados para que ames los Devas; pero si es para amar al Ser, entonces los Devas son preciados.

”En verdad, los Vedas no son preciados para que ames los Vedas; pero si es para amar al Ser, entonces los Vedas son preciados.

”En verdad, las criaturas no son preciadas para que ames las criaturas; pero si es para amar al Ser, entonces las criaturas son preciadas.

”En verdad, todas las cosas no son preciadas para que ames todas las cosas; pero si es para amar al Ser, entonces todas las cosas son preciadas.

”En verdad, el Ser debe ser visto, oído, percibido y conocido. ¡Oh Maitreyi! Cuando el Ser ha sido visto, oído, percibido y conocido, entonces todo es conocido.

7. "Quienquiera que busque a la clase Brahmín fuera del Ser, será abandonado por la clase Brahmín. Quienquiera que busque a la casta Kshatra fuera del Ser, será abandonado por la clase Kshatra. Quienquiera que busque los mundos fuera del Ser, será abandonado por los mundos. Quienquiera que busque los Devas fuera del Ser, será abandonado por los Devas. Quienquiera que busque los Vedas fuera del Ser, será abandonado por los Vedas. Quienquiera que busque las criaturas fuera del Ser, será abandonado por las criaturas. Quienquiera que busque cualquier cosa fuera del Ser, será abandonado por esa cosa.

"Esta clase Brahmín, esta clase Kshatra, estos mundos, estos Devas, estos Vedas, todos estos seres, todas las cosas, todo es ese Ser.

8. "Los sonidos de un tambor, al ser tocado, no pueden ser capturados externamente, pero el sonido es capturado, cuando se, atrapa el tambor, o la persona que toca el tambor.

9. "Y del mismo modo los sonidos de una caracola, cuando se sopla, no pueden ser capturados externamente, pero el sonido es capturado, cuando se atrapa la caracola, o a la persona que sopla la caracola.

10. "Y así mismo los sonidos de un laúd, al ser tañido, no pueden ser capturados externamente, pero el sonido es capturado, cuando se atrapa al laúd, o la persona que toca el laúd.

11. "Del mismo modo que las nubes de humo proceden del fuego encendido con combustible húmedo, así, ciertamente, oh Maitreyî, ha surgido de este gran Ser lo que llamamos Rig-veda, Yagur-veda, Sama-veda, Atharvangirasas, Itihasa, Purana, Vidya, los Upanishads, Slokas, Sutras, Anuvyakyanas, Vyakhyanas, lo que es sacrificado, lo que es vertido, la comida, la bebida, este mundo y el otro mundo, y todas las criaturas. Sólo de Él surgieron todas estas cosas.

12. "Así como todas las aguas encuentran su centro en el mar, el tacto en la piel, todos los gustos en la lengua, todos los olores en la nariz, todos los colores en el ojo, todos los sonidos en el oído, todas las percepciones en la mente, todo el conocimiento en el corazón, todas las acciones en las manos, todos los movimientos en los pies, y todos los Vedas en las palabras,

13. "así como una masa de sal no tiene interior ni exterior, pero en conjunto es una masa de sabor, del mismo modo ese Ser no tiene interior ni exterior, pero en conjunto es una masa de conocimiento; y habiéndose elevado por encima de esos elementos, se desvanece de

nuevo en ellos. Cuando él se ha marchado, no hay más conocimiento, oh Maitreyi" así 'habló Yagñavalkya.

14. Entonces Maitreyi dijo: "Señor, ahora me has puesto en un estado de extremo desconcierto. En verdad, no lo comprendo".

Pero él replicó: "Oh Maitreyi, no digo nada que sea desconcertante. Ciertamente ese amado Ser es imperecedero y de una naturaleza indestructible.

15. 'Porque cuando al parecer existe la dualidad, entonces uno ve al otro, uno huele al otro, uno gusta al otro, uno saluda al otro, uno oye al otro, uno percibe al otro, uno toca al otro, uno conoce al otro; pero cuando solamente el Ser es todo esto, ¿cómo puede él ver a otro, cómo puede él oler a otro, cómo puede él gustar a otro, cómo puede él saludar a otro, cómo puede él oír a otro, cómo puede él tocar a otro, cómo puede él conocer a otro? ¿Cómo debería él conocer a Aquél por el cual conoce todo esto? Ese Ser debe ser descrito mediante las palabras: ¡No, no! Es incomprensible, porque no puede ser comprendido; es imperecedero porque no puede perecer; libre, no sufre y no fracasa. Oh amada, ¿cómo debería él conocer al Conocedor? Así, oh Maitreyi, has sido instruida. Esto es lo que se refiere a la inmortalidad". Habiendo dicho esto Yagñavalkya se marchó al bosque.

SEXTO BRAHMANA

1. A continuación la estirpe:

1. (Nosotros) de Pautimashya,
2. Pautimahya de Gaupavana,
3. Gaupavana de Pautimashya,
4. Pautimashya de Gaupavana,
S. Gaupavana de Kausika,
6. Kausika de Kaundinya,
7. Kaundinya de Sandilya.
8. Sandilya de Kausika y Gautama,
9. Gautama

2. de Agnivesya,

10. Agnivesya de Gargya,
11. Gargya de Gargya,

12. Gargya de Gautama,
13. Gautama de Saitava,
14. Saitava de Parasaryayana,
15. Parasaryayana de Gargyayana,
16. Gargyayana de Uddalakayana,
17. Uddalakayana de Gabalayana,
18. Gabalayana de Madhyandinayana,
19. Madhyandinayana de Saukarayana,
20. Suakarayana de Kashayana,
21. Kashayana de Sayakayana,
22. Sayakayana de Kausikayani,
23. Kausikayani

3. de Ghritakausika,

24. Ghritakausika de Parasaryayana,
25. Parasaryayana de Parasarya,
26. Parasarya de Gatukarnya,
27. Gatukarnya de Asurayana y Yaska,
28. Asurayana de Travani,
29. Travani de Aupagandhani,
30. Aupagandhani de Asuri,
31. Asuri de Bharadvaga,
32. Bharadvaga de Atreya,
33. Atreya de Manti,
34. Manti de Gautama,
35. Gautama de Gautama,
36. Gautama de Vatsya,
37. Vatsya de Sandilya,
38. Sandilya de Kaisorya Kapya,
39. Kaisorya Kapya de Kumaraharita,
40. Kumaraharita de Galava,
42. Galava de Vidarbhi-kaundinya.
42. Vidarbhi-kaundinya de Vatsanapat Babhrava,
43. Vatsanapat Babhrava de Pathi Saubhara,
44. Pathi Saubhara de Ayasya Angirasa,
45. Agasya Angirasa de Abhuti Tvashtra,
46. Abhuti Tvashtra de Visvarupa Tvashtra,
47. Visvarupa Tvashtra de Asvinau,

48. Asvinau de Dadhyak Atharvana,
49. Dadhyak Atharvana de Atharvan Daiva,
50. Atharvan Daiva de Mrityu Pradhvamsana,
51. Mrityu Pradlivamsana de Pradhvamsana,
52. Pradlivamsana de Ekarshi,
53. Ekarshi de Viprakitti,
54. Viprakitti de Vyashti,
55. Vyashti de Sanaru,
56. Sanaru de Sanatana,
57. Sanatana de Sanaga,
58. Sanaga de Parameshthin,
59. Parameshthin de Brahman,
60. Brahman es Svayambhu, existente por sí mismo.

Adoración a Brahma.

QUINTO ADHAYA

PRIMER BRAHMANA

1. Ese Brahma invisible es infinito, este Brahma visible es infinito. Este Brahma visible infinito procede de este Brahma invisible infinito. Al captar la plenitud de este Brahma visible infinito, queda ese Brahma invisible infinito.

Om es el éter, es Brahma. Existe el antiguo éter invisible y el éter visible de la atmósfera; así habló Kauravyayaniputra. Este (el Om) es el Veda (el medio para llegar al conocimiento), así lo conocen los brahmines. A través de ello uno conoce todo lo que tiene que ser conocido.

SEGUNDO BRAHAMA

1. Los tres descendientes de Pragapati,[86] los dioses, los hombres y los Asuras (malos espíritus) habitaron como Brahma karins, (estudiantes) con su padre Pragapati, Habiendo finalizado sus estudios, los dioses dijeron: "Señor, dinos algo". Él les pronunció la sílaba Da. Y les preguntó: "¿Comprendisteis?" Ellos respondieron: "Sí, comprendimos. Nos dijistes 'Damyata', 'estad entregados'". "Sí, dijo, "habéis comprendido".

2. Entonces los hombres le dijeron: "Dinos algo, Señor'. El les dijo la misma sílaba Da. Entonces él les preguntó: "¿Comprendisteis?" Ellos dijeron: "Sí que comprendimos. Nos dijistes, 'Datta', 'Dedicáos'." "Sí", dijo él, "habéis comprendido".

3. Entonces los Asuras le dijeron: "Señor, dinos algo". Él les dijo la misma sílaba Da. Entonces él les preguntó: "¿Comprendisteis?" Ellos respondieron: "Sí que comprendimos. Nos dijistes, 'Dayadham', 'Sed misericordiosos' ". "Sí", dijo él, "habéis comprendido".

La voz divina del trueno repite el mismo Da, Da, Da, que quiere decir: estad entregados, dad, sed misericordiosos. Así pues, que sea enseñada esa tríada: la Entrega, la Dedicación y la Misericordia.

TERCER BRAHMANA

1. Pragapati es el corazón, es este Brahma, es todo esto. El corazón, hridaya, consiste en tres sílabas. Una sílaba es hri, y a aquel que conoce esto, sus sentidos y los objetos de los sentidos le traen ofrendas. Otra sílaba es da y a aquel que conoce esto, sus sentidos y los objetos de los sentidos le otorgan presentes. La otra sílaba es yam, y aquel que conoce esto, va al cielo (svarga) que se convierte en su mundo.

CUARTO BRAHMANA

1. En verdad este corazón es incluso eso, y en verdad fue el verdadero Brahma. ¡Y quienquiera que conoce que este grande y glorioso primer nacido es el verdadero Brahma, conquista estos mundos, y así mismo conquistará cualquiera que fuesen los enemigos! Así es con quienquiera que conoce que este grande y glorioso nacido es el verdadero Brahma; porque Brahma es el verdadero.

QUINTO BRAHMANA

1. En el principio este mundo era agua. El agua creó el verdadero, y el verdadero es Brahma. De Brahma surgió Pragapati, y de Pragapati los Devas (dioses). Los Devas adoran solamente al verdadero (satyam). Este satyam consiste en tres sílabas. Una sílaba es sa, otra es t(i), y la tercera yam. La primera y la última sílaba son verdaderas, y la del medio es la falsa. La falsa se encuentra a ambos lados rodeada por las verdaderas; y así la verdad prepondera. La falsa no hace daño a aquel que conoce esto.

2. Ahora bien, lo que es verdadero, es el Aditya (el sol), la persona que vive en ese astro, y la persona de visión clara. Estos dos descansan

el uno en el otro, el primero descansa con sus rayos en el segundo, y el segundo con sus pranas (sentidos) en el primero. Cuando el segundo está a punto de dejar esta vida, él ve ese astro todo blanco, y esos rayos (del sol) no vuelven a él.

3. Ahora bien, de la persona en ese astro solar Bhuh es la cabeza, porque la cabeza es una, y esa sílaba es una; Bhuvah los dos brazos, porque los brazos son dos, y estas sílabas son dos; Svar el pie, porque los pies son dos, y estas sílabas son dos. Su nombre secreto es Ahar (día), y aquel que conoce esto, destruye (hanti) el mal y lo abandona.

4. De la persona de visión clara Bhuh es la cabeza, porque la cabeza es una, y esa sílaba es una; Bhuvah los dos brazos, porque los brazos son dos, y estas sílabas son dos; Svar el pie, porque los pies son dos, y estas sílabas son dos. Su nombre secreto es Aham (ego), y aquel que conoce esto, destruye (hanti) el mal y lo abandona.

SEXTO BRAHMANA

1. Esa persona, bajo la forma de la mente (manas), siendo ciertamente luz, está dentro del corazón, pequeña como un grano de arroz o cebada. Él es el gobernante de todos, el señor de todos; él gobierna todo esto, todo lo que existe.

SÉPTIMO BRAHMANA

1. Dicen que el rayo es Brahma, porque el rayo atraviesa las nubes. Aquel que conoce esto, que Brahma es el rayo, él atraviesa el mal, porque en verdad Brahma es el rayo.

OCTAVO BRAHMANA

1. Que él medite en la palabra como una vaca. Sus cuatro ubres son las palabras Svaha, Vashat, Hanta y Svadha. Los dioses viven en dos de sus ubres, Svara y Vashat, los hombres en Hanta, y los antepasados en Svadha. El toro de esa vaca es la respiración (prana), el ternero la mente.

NOVENO BRAHMANA

1. Agni Vaisvanara es el fuego dentro del hombre, por cual, se digiere la comida. Su sonido es el que se oye cuando uno tapa sus oídos. Cuando él está a punto de abandonar esta vida, él no oye ese sonido.

DÉCIMO BRAHMANA

1. Cuando la persona se va de este mundo, va al viento. Entonces el viento le hace espacio, como el agujero de una rueda de carruaje, y a través de ella sube más alto. Llega al sol. Entonces el sol le hace espacio, como el agujero de una Lambara (instrumento musical), y a través de ella sube más alto. Llega a la luna. Entonces la luna le hace sitio, como el agujero de un tambor, y a través de él sube más alto, y llega al mundo donde no hay ni tristeza ni dolor. Allí él vive eternos años.

UNDÉCIMO BRAHMANA

1. Esta es ciertamente la mayor penitencia: un hombre enfermo sufre dolor. Aquel que conoce esto, conquista el mundo más alto.

Esta es ciertamente la mayor penitencia: llevan a una persona muerta al bosque. Aquel que conoce esto, conquista el mundo más alto.

Esta es ciertamente la mayor penitencia: colocan a una persona muerta en el fuego. Aquel que conoce esto, conquista el mundo más alto.

DUODÉCIMO BRAHMANA

1. Algunas personas dicen que la comida es Brahma, pero esto no es así, porque la comida se pudre sin la vida (prana). Otros dicen que la vida (prana) es Brahma, pero esto no es cierto porque la vida se seca sin la comida. Entonces estas dos deidades (comida y vida), cuando se hacen una, alcanzan el estado más alto (son Brahma). Entonces Patrida le dijo a su padre: "¿Podré hacer algún bien a aquel que conoce esto, o podré hacerle algún mal?". Su padre le dijo, lla-

mándole con la mano: "No es así, oh Patrida; porque, ¿quién podrá alcanzar el estado supremo, si solamente ha llegado a la unidad de estas dos?" Y luego añadió: "Vi, en verdad, la comida es Vi, porque todos estos seres descansan en la comida". Y continuó diciendo: "Ram; ciertamente, la vida es Ram, porque todos estos seres se deleitan en la vida. Todos los seres descansan en él, todos los seres se deleitan en aquel que conoce esto".

DECIMOTERCER BRAHMANA

1. A continuación sigue el Uktha.[88] En verdad, la respiración (prana) es Uktha, porque la respiración eleva todo esto. De aquél que conoce esto, nace un hijo sabio, conociendo el Uktha; obtiene unión y unidad con el Uktha.

2. A continuación siguen los Yagus. En verdad, la respiración es Yagus, porque todos estos seres están unidos en la respiración. Para aquel que conoce esto se unen todos los seres para procurar su excelencia; obtienen unión y unidad con los Yagus.

3. A continuación sigue el Saman. En verdad, la respiración es el Saman, porque todos estos seres se reúnen en la respiración. Para aquel que conoce esto, se unen todos los seres para procurar su excelencia; alcanza la unión y la unidad con el Saman.

4. A continuación sigue el Kshatra. En verdad la respiración es el Kshatra, porque la respiración es Kshatra, la respiración le protege de ser herido. Aquel que conoce esto, obtiene Kshatra (poder), que no requiere ninguna protección; obtiene unión y unidad con Kshatra.

DECIMOCUARTO BRAHMANA

1. Las palabras Bhumi (tierra), Antariskha (firmamento) y Dyu (cielo) forman ocho sílabas. Un pie del Gayatri consiste en ocho sílabas. Este pie son los tres mundos. Y aquel que conoce ese pie, conquista toda la extensión de los tres mundos.

2. Los Rikas, el Yagumshi y el Samani forman ocho sílabas. Un pie (el segundo) del Gayatri, consiste en ocho sílabas. Este pie son los tres

Vedas, el Rig-veda, el Yagur-veda y el Samaveda y aquel que conoce ese pie, conquista todo lo que abarca ese conocimiento triple.

3. El Prana (la inspiración), el Apana (la expiración), y el Vyana (la respiración interior) forman ocho sílabas. Un pie (el tercero) del Gayatri consiste en ocho sílabas. Este pie son las tres respiraciones vitales. Y aquel que conoce ese pie, conquista todo lo que respira. Y de ése (Gayatri o palabra), éste ciertamente es el cuarto (turiya), el pie brillante (darsata), brillando en lo alto de los cielos. Lo que aquí se dice de "turiya" (el cuarto) también va dirigido al Katurtha (el cuarto); lo que se dice de "darsatam padam" (el pie brillante) también va dirigido a aquel que es como si fuera visto (la persona en el sol); y lo que se dice de "paroragas" (aquel que brilla en lo alto por encima de los cielos) también va dirigido a aquel que brilla más y más alto por encima de todos los cielos. Y aquel que así conoce ese pie del Gayatri, también él brilla con felicidad y gloria.

4. Ese Gayatri (como fue descrito antes con sus tres pies) descansa en ese cuarto pie, el brillante, en lo alto por encima del cielo. Y ése de nuevo descansa en el Verdadero (satyam), y el Verdadero es el ojo, porque al ojo se le conoce como verdadero. Y por lo tanto incluso ahora, si dos personas están discutiendo, y uno dice, yo vi, y el otro dice, yo escuché, entonces deberíamos confiar en el que dijo, yo vi. Y el Verdadero de nuevo descansa en la fuerza (balam), y la fuerza es la vida (prana), y ese Verdadero descansa en la vida. Por lo tanto dicen que la fuerza es más fuerte que el Verdadero. Así ese Gayatri descansa en relación con el ser (como vida). Ese Gayatri protege (attre) las respiraciones vitales (gayas); las gayas son los pranas (respiraciones vitales) y las protege. Y como protege (tatre) las respiraciones vitales (gayas), por eso es llamado Gayatri. Y ese verso Savitri que enseña el maestro, eso es (la vida, el prana, e indirectamente el Gayatri); y a quienquiera que se lo enseña le protege sus respiraciones vitales.

5. Algunos enseñan ese Savitri como un verso Anushtubh diciendo que el lenguaje es Anushtubh, y que enseñamos ese lenguaje. Que nadie haga esto, sino que él enseñe el Gayatri como Savitri. E incluso si uno que conoce esto recibe lo que parece ser su premio (como maestro), sin embargo esto no es igual a un pie del Gayatri.

6. Si un hombre (un maestro) recibiera como sus honorarios estos tres mundos llenos de todas las cosas, obtendría ese primer pie del

Gayatri. Y si un hombre recibiera como sus honorarios todo lo que abarca este conocimiento tripartito, obtendría ese segundo pie del Gayatri. Y si un hombre recibiera como sus honorarios todo aquello que respira, obtendría ese tercer pie del Gayatri. Pero "ese cuarto pie que brilla en lo alto por encima de los cielos", no puede ser conseguido por nadie, ¿de dónde entonces se pueden recibir tales honorarios?

7. La adoración de ése (Gayatri):

"Oh Gayatri, tú tienes un pie, dos pies, tres pies, cuatro pies. Tú no tienes pies, porque eres desconocido. Adoración a tu cuarto pie brillante por encima de los cielos". Si alguien que sabe esto odia a alguien y dice: "Que él me obtenga esto", o "Que este deseo no le sea cumplido a él", entonces ese deseo no le es cumplido a aquél contra el que él así rezó, o si él dice: "Que yo obtenga esto".

8. Y entonces Ganaka Vaideha habló sobre este punto a Budila Asvatarasvi: "¿Cómo es posible que tú que hablabas como si conocieras al Gayatri, te has convertido en un elefante y me llevas a mí?" Él respondió: "Su Majestad, yo no conocía su boca. Agni, el fuego es en verdad su boca; y si la gente amontona en el fuego lo que incluso parece ser mucha madera, lo consume todo. Y así, un hombre que conoce esto incluso aunque cometa lo que parece ser un gran mal, lo consume todo y se vuelve puro, limpio y libre de deterioro muerte".

DECIMOQUINTO BRAHMANA

1. La casa del Verdadero (el Brahma) está cubierta con un disco dorado. Ábrelo, oh Pûshan, para que podamos ver la naturaleza del Verdadero.

2. ¡Oh Pushan, el único sabio, Yama (juez), Surya (sol) hijo de Pragapati, extiende tus rayos y reúnelos! Yo veo la luz que es tu forma más bella. Soy lo que él es (es decir, la persona en el sol).

3. ¡Respiración al aire y al inmortal! Entonces mi cuerpo acaba en cenizas. ¡Om! ¡Recuerda, mente! ¡Recuerda tus obras! ¡Recuerda mente! ¡Recuerda tus obras!

4. Aquí, condúcenos a la beatitud por un buen camino, ¡tú, oh Dios, que conoces todas las cosas! ¡Mantén alejado de nosotros el mal, y te ofreceremos todas las alabanzas!

SEXTO ADHAYA

PRIMER BRAHMANA

1. Harih, Om. Aquel que conoce el primero y el mejor, él mismo se convierte en el primero y en el mejor entre su gente. En verdad la respiración es lo primero y lo mejor. Aquel que conoce esto, se convierte en el primero y en el mejor entre su gente, y entre quienquiera que él desee.

2. Aquel que conoce al más rico, se convierte él mismo en el más rico entre su gente. La palabra es lo más rico. Aquel que conoce esto, se vuelve el más rico entre su gente, y entre quienquiera que él desee.

3. Aquel que conoce el descanso firme, él mismo se siente firme en terreno uniforme accidentado. Ciertamente el ojo es el firme descanso, ya que por medio del ojo un hombre se siente firme en terreno uniforme y accidentado. Aquel que conoce esto, se siente firme en terreno uniforme y accidentado.

4. Aquel que conoce el éxito, sea cual fuere su deseo, lo consigue. En verdad el oído es el éxito. Porque en el oído se encuentran Prósperos todos estos Vedas. Aquel que conoce esto, sea cual fuere su deseo, lo consigue.

5. Aquel que conoce el hogar, se convierte en hogar de su propia gente, un hogar de todos los hombres. En verdad la mente es el hogar. Aquel que conoce esto, se convierte en hogar de su propia gente y en hogar de todos los hombres.

6. Aquel que conoce la generación, se vuelve rico en descendencia y en ganado. En verdad la semilla es la generación. Aquel que conoce esto, se vuelve rico en descendencia y en ganado.

7. Estos Pranas (sentidos), discutiendo entre ellos acercad quién era el mejor, fueron a Brahma y le preguntaron: “¿Quién es el más impor-

tante de nosotros?" Él replicó: "Aquel cuya partida cause peor mal al cuerpo, él es el más importante".

8. La lengua (el habla) se marchó, y después de estar ausente durante un año, volvió y dijo: "¿Cómo habéis podido vivir sin mí?" Ellos respondieron: "Como la gente muda sin habla con la lengua, pero respirando con la respiración, viendo con el ojo, oyendo con el oído, conociendo con la mente, generando con la semilla. Así hemos vivido". Entonces el habla, entró de nuevo en el cuerpo.

9. El ojo (la vista) se marchó, y después de estar ausente durante un año, volvió y dijo: "¿Cómo habéis podido vivir sin mí?" Ellos respondieron: "Como la gente ciega, sin ver con el ojo, pero respirando con la respiración, hablando con la lengua, oyendo con el oído, conociendo con la mente, generan do con la semilla. Así hemos vivido". Entonces el ojo entró de nuevo en el cuerpo.

10. El oído se marchó, y después de estar ausente durante un año, volvió y dijo: "¿Cómo habéis podido vivir sin mí?" Ellos respondieron: "Como la gente sorda, sin oír con el oído, pero respirando con la respiración, hablando con la lengua, viendo con el ojo, conociendo con la mente, generando con la semilla. Así hemos vivido". Entonces el oído entró de nuevo en el cuerpo.

11. La mente se marchó, y después de estar ausente durante un año, volvió y dijo: "¿Cómo habéis podido vivir sin mí?" Ellos respondieron: "Como tontos, sin conocer con la mente pero respirando con la respiración, viendo con el ojo, escuchando con el oído, generando con la semilla. Así hemos vivido". Entonces la mente entró de nuevo en el cuerpo.

12. La semilla se marchó, y después de estar ausente durante un año, volvió y dijo: "¿Cómo habéis podido vivir sin mí?" Ellos respondieron: "Como la gente impotente, sin generar con la semilla, pero respirando con la respiración, viendo con el ojo, escuchando con el oído, conociendo con la mente. As hemos vivido". Entonces la semilla entró de nuevo en el cuerpo.

13. La respiración (vital), en el momento de marcharse, desgarraba estos sentidos, como un gran, excelente caballo del país sindhu podría desgarrar las clavijas a las que está atado. Entonces le dijeron: "Señor, no te vayas. No podremos vivir sin ti". Él dijo: "Entonces hacedme una ofrenda". Ellos dijeron: "Que así sea".

14. Entonces la lengua dijo: "Si yo soy la más rica, entonces, por ello, tú eres el más rico ". El ojo dijo: "Si yo soy el descanso estable, entonces, por ello, tú estás en posesión del descanso estable". El oído dijo: "Si yo soy el éxito, entonces, por ello, tú estás en posesión del éxito". La mente dijo ' "Si yo soy el hogar, por ello, tú eres el hogar". La semilla dijo: "Si yo soy la generación, por ello, tú estás en posesión de la generación". Él dijo: "¿Cuál será mi alimento, cuál será mi vestido?"

Ellos respondieron: "Todo lo que existe, incluso hasta la comida de los perros, gusanos, insectos y pájaros, ésa es su comida, y el agua tu vestido. Aquel que así conoce la comida (de la respiración), nada que no sea buena comida es comido por él, nada que no sea buena comida es recibido por él. Los Sotriyas (teólogos védicos) que conocen esto, se enjuagan la boca con agua antes de comer, y se enjuagan la boca con agua después de haber comido, pensando que así visten a la respiración (con agua)".

SEGUNDO BRAHMANA

1. Svetaketu Aruneya fue al pueblo de los Pañkalas. Se acercó a Pravahana Gaivali, que iba deambulando (rodeado por sus hombres). Tan pronto como el rey le vio, le dijo: "¡Hijo mío!" Svetaketu respondió: "¡Señor!"

Entonces el rey dijo: "¿Has sido enseñado por tu padre?" "Sí", respondió.

2. El rey dijo: "¿Sabes cómo los hombres, cuando se van de aquí, se separan unos de otros?" "No", respondió

"¿Sabes cómo vuelven a este mundo? "No", respondió.

¿Sabes cómo ese mundo nunca se llena con los muchos que una y otra, vez parten hacia allá?" "No", respondió.

"¿Sabes por la ofrenda de qué libación las aguas son dotadas de una voz humana y se levantan y hablan?" "No", respondió.

"¿Conoces el acceso al camino que conduce a los Devas[89] y el camino que conduce a los antepasados, y por qué acciones el hombre consigue encontrar el camino que conduce a los Devas o el que conduce a los antepasados?" Porque incluso hemos oído decir a un Rishi:[90] "Oí hablar de dos caminos para los hombres, uno que conducía a los antepasados, y el otro que conducía a los Devas. En esos caminos sigue caminando todo lo que se mueve, todo lo que existe entre el padre (cielo) y la madre (tierra)".

Svetaketu dijo: "No sé responder ni siquiera a una de estas preguntas".

3. Entonces el rey le invitó a quedarse y aceptar su hospitalidad. Pero el chico, sin importarle la hospitalidad, se escapó, volvió a su padre y le dijo: "¡Así que decías de mí que estaba bien instruido!" El padre dijo: "¿Qué ocurre, pues, sabio?" El hijo replicó: "Raganya me hizo cinco preguntas y no supe responder a ninguna de ellas".

"¿Cuáles eran éstas?", dijo el padre.

"Estas fueron" contestó el hijo, mencionando las diferentes preguntas.

4. El padre dijo: "Tú me conoces, criatura, y todo lo que conozco, te lo conté. Pero ven, iremos y residiremos allí como estudiantes".

"Tú puedes ir, Señor", contestó el hijo.

Entonces Gautama fue al lugar donde vivía Pravahana Gaivali y el rey le ofreció su asiento, pidió agua para él, y le dio las ofrendas apropiadas. Luego le dijo: "Señor, otorgamos un deseo a Gautama".

5. Gautama dijo : "Ese deseo me es prometido; dime pues, las mismas palabras que dijiste en presencia de mi hijo".

6. Él dijo: "Eso pertenece a los deseos divinos, pídeme uno de los deseos humanos".

7. Él dijo: "Tú bien sabes que poseo suficiente oro, vacas, caballos, esclavos, asistentes y vestidos; no me colmes de lo que ya tengo en grandes cantidades, en abundancia y superabundancia".

El rey dijo: "Gautama, ¿quieres recibir enseñanza de mí de la forma adecuada?"

Gautama respondió: "Vengo a ti como un discípulo".

De palabra solamente algunos sabios anteriores (aunque de la casta de los brahmines) habían venido como discípulos (de gente de rango inferior), mas Gautama permaneció allí realmente como discípulo (de Pravahana, que era un Raganya) para obtener la fama de haber servido respetuosamente a su maestro.[91]

8. El rey dijo: "No te sientas ofendido con nosotros, ni tú ni tus antepasados, porque hasta ahora este Conocimiento nunca estuvo en posesión de ningún brahmín.[92] Pero te lo revelaré, ya que, ¿quién podría rechazarte hablando de ese modo?

9. "El altar (fuego), oh Gautama, es ese mundo (cielo); el combustible es el mismo sol, el humo sus rayos, la luz el día, los carbones los

puntos cardinales, las chispas los puntos cardinales intermedios. En ese altar los Devas ofrecen la libación Sraddha (que consiste en agua). De esa oblación aparece el Soma, el rey (la luna).

10. "El altar, oh Gautama, es Parganya (el dios de la lluvia); el combustible el mismo año, el humo las nubes, la luz el relámpago, los carbones el rayo, las chispas los truenos. En ese altar los Devas ofrecen Soma, el rey (la luna). De esa oblación surge la lluvia.

11. "El altar, oh Gautama, es este mundo; el combustible es la misma tierra, el humo el fuego, la luz la noche, los carbones la luna, las chispas las estrellas. En ese altar los Devas ofrecen la lluvia. De esa oblación surge la comida.

12. "El altar, oh Gautama, es el hombre; el combustible la boca abierta, el humo la respiración, la luz la lengua, los carbones el ojo, las chispas el oído. En ese altar ofrecen alimentos los Devas. De esa oblación surge la semilla.

13. "El altar, oh Gautama, es la mujer. En ese altar los Devas ofrecen la semilla. De esa oblación surge el hombre. Vive el tiempo que le toque vivir, y cuando muere,

14. "le llevan al fuego (pira funeraria), y en verdad el fuego del altar es fuego, el combustible combustible, el humo humo, la luz luz, los carbones carbones, las chispas chispas. En ese mismo fuego del altar los Devas ofrecen al hombre, y de esa oblación emerge el hombre, de un color brillante.

15. "Aquellos que conocen esto (incluso los Grinasthas), y aquellos que en el bosque adoran la fe y al Verdadero (Bhahman Hiramyagarbha), van a la luz (arkis), de la luz al día, del día a la mitad creciente, de la mitad creciente a los seis meses cuando el sol se va al norte, de esos seis meses al mundo de los Devas (Devaloka), del mundo de los Devas al sol, del sol al lugar del relámpago. Cuando de este modo han llegado al lugar del relámpago un espíritu se acerca a ellos y les conduce a los mundos de Brahma. En estos mundos de Brahma viven ensalzados durante siglos. Para ellos no hay retorno.

16. "Pero los que conquistan los mundos (estados futuros) por medio del sacrificio, caridad, austeridad, van al humo, del humo a la noche, de la noche a la mitad decreciente de la luna, de la mitad decreciente de la luna a los seis meses cuando el sol va al sur, de estos meses al mundo de los antepasados, del mundo de los antepasados a la luna. Habiendo

llegado a la luna, se convierten en alimentos y entonces allí los Devas se alimentan de ellos, del mismo modo que los que hacen sacrificios se alimentan del Soma, a medida que aumenta y disminuye. Pero cuando esto (el resultado de sus buenas acciones en la tierra) cesa, vuelven de nuevo a ese éter, del éter al aire, del aire a la lluvia, de la lluvia a la tierra. Y cuando han llegado a la tierra, se convierten en alimentos, son ofrecidos de nuevo en el fuego del altar que es el hombre, y de ahí nacen en el fuego de la mujer. Así emergen hacia los mundos, y hacen el mismo recorrido anterior.

"Sin embargo, aquellos que no conocen ninguno de estos dos caminos, se convierten en gusanos, pájaros y reptiles."

TERCER BRAHMANA

1. Si un hombre desea obtener grandeza (riqueza haciendo sacrificios), sigue la regla upasad durante doce días (vive con pequeñas cantidades de leche), comenzando un día auspicioso de media luna durante el progreso hacia el norte del sol, recogiendo al mismo tiempo en una taza o plato hecho de madera de Udumbana todo tipo de hierbas, incluyendo frutos. Barre el suelo (cerca del altar de la casa, avasathya), lo rocía, prepara el fuego, esparce hierba a su alrededor según las reglas, prepara la mantequilla purificada (agya), y un día, presidido por una estrella masculina (nakshatra), después de haber mezclado adecuadamente el Mantha (las hierbas, frutas, leche, miel, etcétera), hace el sacrificio (vierte el agya en el fuego), diciendo: "Oh Gatavedas, a los dioses adversos que frustran los deseos de los hombres, a ellos ofrezco esa poción para que así, sintiéndose ellos complacidos, me colmen todos mis deseos. ¡Svaha!

"A esa deidad airada que yace tumbada pensando que todas las cosas son mantenidas separadas por ella, la adoro como auspiciosa con este chorro de 'ghee'." ¡Svaha!

2. Luego dice, Svaha, al Primero, Svaha al Mejor, vierte el "ghee"[93] en el fuego y lo que queda lo echa en el Mantha (mortero).

Luego dice, Svaha a la Respiración, Svaha a aquella que es la más rica, vierte el "ghee" en el fuego y lo que queda lo echa en el Mantha (mortero).

Luego dice, Svaha a la Palabra, Svaha al Apoyo, vierte el "ghee" en el fuego, y lo que queda lo echa en el Mantha (mortero).

Luego dice, Svaha al Ojo, Svaha al éxito, vierte el "ghee" en el fuego, y lo que queda lo echa en el Mantha (mortero).

Luego dice, Svaha al Oído, Svaha al Hogar, vierte el "ghee" en el fuego y lo que queda lo echa en el Mantha (mortero).

Luego dice, Svaha a la Mente, Svaha a la Descendencia, vierte el "ghee" en el fuego y lo que queda lo echa en el Mantha (mortero).

Luego dice, Svaha a la semilla, vierte el "ghee" en el fuego, y lo que queda lo echa en el Mantha (mortero).

3. Luego dice, Svaha a Agni (fuego), vierte el "ghee" en el fuego y lo que queda lo echa en el Mantha (mortero).

Luego dice, Svaha a Soma, vierte el "ghee" en el fuego, y lo que queda lo echa en el Mantha (mortero).

Luego dice, Bhuh (tierra), Svaha, vierte el "ghee" en el fuego, y lo que queda lo echa en el Mantha (mortero).

Luego dice, Bhuvah (firmamento), Svaha, vierte el "ghee" en el fuego, y lo que queda lo echa en el Mantha (mortero).

Luego dice, Svah (cielo), Svaha, vierte el "ghee" en el fuego, y lo que queda lo echa en el Mantha (mortero).

Luego dice, Bhur, Bhuvah, Svah, Svaha, vierte el "ghee" en el fuego, y lo que queda lo echa en el Mantha (mortero).

Luego dice, Svaha a Brahma (los sacerdotes), vierte el 'ghee" en el fuego, y lo que queda lo echa en el Mantha (mortero).

Luego dice, Svaha a Kshatra (los caballeros), vierte el "ghee" en el fuego y lo que queda lo echa en el Mantha (mortero).

Luego dice, Svaha al Pasado, vierte el "ghee" en el fuego y lo que queda lo echa en el Mantha (mortero).

Luego dice, Svaha al Futuro, vierte el "ghee" en el fuego, y lo que queda lo echa en el Mantha (mortero).

Luego dice, Svaha al Universo, vierte el "ghee" en el fuego, y lo que queda lo echa en el Mantha (mortero).

Luego dice, Svaha a Pragapati,[94] vierte el "ghee" en el fuego, y lo que queda lo echa en el Mantha (mortero).

4. Luego lo toca (el Mantha, que está dedicado a Prana, respiración) diciendo: "Eres ligero (como la respiración). Eres abrasador (como el fuego). Estás lleno (como Brahma). Eres firme (como el firmamento). Eres

la morada de todos (como la tierra). Has recibido la bienvenida con Hiri (al comienzo del sacrificio por el sacerdote prastroti). Eres bendecido con Hiri (a la mitad del sacrificio por el sacerdote prastroti). Has sido cantado (por el sacerdote udgatri al comienzo del sacrificio). Eres cantado (por el udgatri a la mitad del sacrificio). Has sido alabado (por el adhvaryu al comienzo del sacrificio). De nuevo eres alabado (por el âgnidhura a la mitad del sacrificio). Eres brillante detrás de las nubes. Eres grande. Eres poderoso. Eres alimento (como el Soma). Eres luz (como Agni, el fuego, el devorador). Eres el final. Eres la absorción de todas las cosas".

5. Entonces sujeta al Mantha, diciendo: "Tú lo conoces todo, nosotros conocemos tu grandeza. En verdad él es un rey, un gobernante, el señor supremo. Que ese rey, ese gobernante haga de mí el más grande de los Señores".

6. Luego se lo come, diciendo: "Tat savitrur varenyam (Meditamos en esa luz adorable). Los vientos dejan caer miel para el hombre recto, los ríos ofrecen miel, ¡que nuestras plantas sean dulces como la miel! Bhuh (tierra) ¡Svaha!

"Bhargo devasya dhimani (del divino Savitri) ¡Que la noche sea miel por la mañana, que el aire por encima de la tierra, que el cielo, nuestro padre, sea miel! Bhuvah (firmamento) i Svaha!

"Dhiyo yo nah prokodayat. ¡Que el árbol esté lleno de miel, que el sol esté lleno de miel! ¡Que nuestras vacas sean dulces como la miel! Svah (cielo) ¡Svalia!"

Repite todo el verso Savitri, todos los versos acerca de la miel pensando ¡que yo sea todo esto! Bhur, Bhuvah, Svah, ¡Svaha! Habiéndose así tragado todo, se lava las manos, y se sienta detrás del altar, girando la cabeza hacia el Este. Por la mañana adora a Aditya (el Sol), con el siguiente himno: "Tú eres el mejor loto de los cuatro cuartos, que pueda convertirme en el mejor loto entre los hombres". Entonces volviendo del mismo modo que vino se sienta detrás del altar y recita la lista genealógica.[95]

7. Uddalaka Auni enseñó esto (doctrina del Mantha) a su discípulo Vagasaneya Yagñavalkya, y dijo: "Si un hombre lo vertiera sobre un palo seco, crecerían ramas, y hojas florecerían".

8. Vagasaneya Yagñavalkya enseñó lo mismo a su discípulo Madhuka Paingya, y le dijo: "Si un hombre lo vertiera sobre un palo seco, crecerían ramas, y hojas florecerían".

9. Madhuka Paingya enseñó lo mismo a su discípulo Kula Bhaga-

vitti, y le dijo: “Si un hombre lo vertiera sobre un palo seco, crecerían ramas, y hojas florecerían”.

10. Kula Bhagavitti enseñó lo mismo a su discípulo Ganaki Ayasthuna, y le dijo: “Si un hombre lo vertiera sobre un palo seco, crecerían ramas y hojas florecerían”.

11. Ganaki Ayasthuna enseñó lo mismo a su discípulo Satyakama Gabala, y le dijo: “Si un hombre lo vertiera sobre un palo seco, crecerían ramas y hojas florecerían”.

12. Satyakama Gabala enseñó lo mismo a sus discípulos y les dijo: “Si un hombre lo vertiera sobre un palo seco, crecerían ramas, y hojas florecerían”.

Que nadie cuente esto a nadie, excepto a un hijo o a un discípulo.

13. De la madera del árbol Udumbara se hacen cuatro cosas, el cucharón del sacrificio (sruva), la taza (kamasa), el combustible, y los dos palos para remover.

Hay diez tipos de semillas cultivables, arroz y cebada (brihiyavas), sésamo y judías (tilamashás), mijo y semilla de panizo (anupriyangavas), trigo (godhumas) lentejas (masuras) legumbres (khalvas), y algarrobas (khalakulas). Después de haberlas molido las rocía con cuajada (dadhi), miel, y “ghee” y luego ofrece las porciones adecuadas de mantequilla purificada (agya).

CUARTO BRAHMANA

1. La tierra es la esencia de todas estas cosas, el agua es la esencia de la tierra, las plantas del agua, las flores de las plantas, los frutos de las flores, el hombre de los frutos, la semilla del hombre.

2. Y Pragapati pensó, permíteme construir una morada para él, y creó una mujer (Satarupa).

Tam[96] srishtvadha upasta, tasmat striyam adha upasita. Sa etam prañkam gravanam atmana eva samudaparayat, tenainam abhyasrigat.

3. Tasya vedir upastho, lomani barhis, karmadhishavane, samiddho madhyatas, tan mushkau. Sa yavan ha val vagapeyena yagamanasya loko bhavati tavan asya loko bhavati ya evam vidvan adhopahasam karaty a sa strinam sukritam vrinkte tha ya idam avidvan adhopahasam karaty asya striyah sukritam vriñgate.

4. Etad dha sma vai tadvidvan Uddalaka Arunir ahaitad dha sma vai tadvidvan Nako Maudgalya ahaitad dha sma vai tadvidvan Kumaraharita aha, bahavo marya brahmanayana nirindriya visukrito smal lokat prayanti ya idam avidvamso dhopahasam karantiri. Bahu va idam suptasya va gagrato va retah skandati.

5. Tad abhimrised anu va mantrayeta yan me dya retah prithivim askantsid yad ashadhir apy asarad yad apah, idam aham tad reta adade punar mam aitv indriyam punas tegah punar bhagah, punar agnayo dhishnya yathasthanam kalpantam, ity anamikangushthabhyam adayantarena stanau va bhruvau va nimriñgyat.

6. Si un hombre se ve a sí mismo en el agua, debería recitar el verso siguiente: "Dios quiera que haya en mí esplendor, fuerza, gloria, riqueza y virtud!"

Ella es la mejor de las mujeres cuyos vestidos son puros. Por lo tanto que él se acerque a una mujer cuyos vestidos sean puros, cuya forma sea pura, y se dirija a ella.

7. Si ella no se entrega, que él, como guste, la soborne con regalos. Y si aun así ella no se entrega, que él, a su gusto, la golpee con un palo o con la mano, y la conquiste, diciendo: "Con fuerza viril gloria arrebato tu gloria", y de este modo ella se queda sin gloria.

8. Si ella se entrega, él dice: "Con fuerza viril y gloria te doy gloria", y así ambos son glorificados.

9. Sa yam ikkhet kamayeta meti tasyam artham nishtaya mukhena mukham sandhayopastham asya abhimrisya gaped angadangat sambhavasi hridayad adhi gayase, sa tvam angakashayo si digdhaviddham iva madayemam amum mayiti.

10. Atha yam ikkhen na garbham dadhiteti tasyam nishtaya mukhena mukham sandhayabhipranyapanyad indriyena te retasa reta adada ity areta eva bhavati.

11. Atha yam ikkhed garbham dadhitesi tasyam artham nishtaya mukhena mukham sandhayapanyabhipranyad indriyena te retasa reta adadhamiti garbhiny eva bhavati.

12. Ahora bien, de nuevo, si la mujer de un hombre tiene un amante y el marido le odia, que él (según la regla) prepare el fue lado de un cántaro sin cocer, extienda una capa de flechas en orden inverso, unja estas tres cabezas de flecha con mantequilla en orden inverso, y haga el sacrificio, diciendo:

“Tú eres sacrificado en mi fuego, te arrebato tu inspiración y expiración.

”Tú eres sacrificado en mi fuego, te arrebato tus hijos y tu ganado.

”Tú eres sacrificado en mi fuego, te arrebato tus acciones buenas y sagradas.

”Tú eres sacrificado en mi fuego, te arrebato tu esperanza tus deseos.”

Aquel a quien maldice un Brahmín que conoce esto. Se va de este mundo sin fuerza y sin buenas acciones. Así pues, que nadie ni siquiera bromee con la mujer de un Srotriya que conoce esto, porque aquel que conoce esto, es un enemigo peligroso.

13. Cuando le llega a la mujer la enfermedad mensual, durante tres días no debería beber de ninguna vasija metálica, y llevar un vestido fresco. Que ningún Vrishala o Vrishali (una mujer o un hombre Sudra) la toque. Al final de los tres días cuando ella se ha bañado, el marido le debería preparar arroz molido.

14. Y si un hombre desea que nazca de él un hijo blanco, y que conozca un Veda, y viva largos años, entonces, después de haber preparado arroz cocido con leche y mantequilla, ambos deberían comer, disponiéndose para tener descendencia.

15. Y si un hombre desea que nazca de él un hijo bermejizo de ojos oscuros, y que conozca dos Vedas, y viva largos años, entonces, después de haber preparado arroz cocido con leche coagulada y mantequilla, ambos deberían comer, disponiéndose para tener descendencia.

16. Y si un hombre desea que nazca de él un hijo moreno de ojos rojizos y que conozca tres Vedas y viva largos años, entonces, después de haber preparado arroz cocido con agua y mantequilla, ambos deberían comer, disponiéndose para tener descendencia.

17. Y si un hombre desea que nazca de él una hija sabia, y que viva largos años, entonces, después de haber preparado arroz cocido con sésamo y mantequilla, ambos deberían comer, disponiéndose para tener descendencia.

18. Y si un hombre desea que nazca de él un hijo sabio, famoso, un hombre público, un orador popular, que conozca todos los Vedas, y que viva largos años, entonces, después de haber preparado arroz cocido con carne y mantequilla, ambos deberían comer, disponiéndose para tener descendencia. La carne debería ser de un toro joven o viejo.

19. Y luego, hacia la mañana, después de haber realizado según la regla de Sthalipaka (cocción de la olla) la preparación del Agya (mantequilla purificada), él hace el sacrificio de Sthalipaka poco a poco, diciendo: “Esto es para Agni, ¡Svaha! Esto es para Anumati, ¡Svaha! Esto es para el divino Savitri, el verdadero creador, ¡Svalia!” Habiendo hecho el sacrificio, saca el resto del arroz y se lo come, y después de haber comido de ello se lo da a su mujer. Luego se lava las manos, llena una jarra de agua, y la rocía a ella tres veces, diciendo: “Levántate pues, oh Visvavasu, busca otra doncella lozana, una mujer con su marido”.

20. Entonces la abraza, y le dice: “Yo soy Ama (respiración), tú eres Sa (palabra). Tú eres Sa (palabra), yo soy Ama (respiración). Yo soy el Saman, tú eres el Rik. Yo soy el firmamento, tú eres la Tierra. Ven, esforcémonos juntos, para que sea engendrado un hijo varón”.

21. Athasya uru vihapayari, vigihitham dyavaprithivi iti tasyam artham nishtaya mukhena mukham sandhaya trir enam anulomam anumarshti, Vishnur yonim kalpayatu, Tvashta rupani pimsatu, asiñkatu Pragapatir. Dhata garbham dadhatu te. Garbham dhehi Sinivali, garbham dhehi prithushtuke, garbham te Asvinau devav adhattam pushkaraseagau.

22. Hiranmayi arant Yabhyam nirmanthatam asvinau, tam te garbham havamehe dasame masi sutave. Yathagnigarbha prithivi, yatha dyaur indrena garbhini, vayur disam yatha garbha evam garbham dadhami te sav iti.

23. Soshyantim adbhir abhyukshati. Yatha vayuh pushkarinim samiñgayati sarvatah, eva te garbha egatu sahavaitu garayuna. Indrasyayam vragah kritah sargalah saparisrayah, tam indra nirgahi garbhena savaram saheti.

24. Cuando nace el niño, él prepara el fuego, coloca al niño en su regazo, y habiendo vertido prishadagya, dadhi (leche gruesa) mezclada con ghrita (mantequilla purificada) en una jarra de metal, hace el sacrificio poco a poco de ese prishadagya, diciendo: “¡Dios quiera que al crecer así mi casa, pueda alimentar a mil! ¡Dios quiera que la fortuna nunca abandone el curso de su vida, con descendencia y ganado, Svaha!

Le ofrezco en mi mente las respiraciones vitales que están en mí, ¡Svaha!

“Cualquier cosa en la que me he excedido por mucho, o cualquier cosa en la que me he excedido por poco, que el sabio Agni Svishtakrit lo convierta en bueno y adecuado para nosotros, ¡Svaha!”

25. Luego, colocando su boca cerca del oído derecho del niño, dice por tres veces, ¡Palabra, palabra! Después de eso él vierte conjuntamente leche espesa, miel y mantequilla purificada, y alimenta al niño con un cucharón de oro puro, diciendo: "Le otorgo Bhuh, le otorgo Bhuvah, le otorgo Svah. Bhur, Bhuvah, Svah, le otorgo todo".

26. Luego le da su nombre, diciendo: "Tú eres el Veda"; pero éste es su nombre secreto.

27. Luego pasa el niño a su madre y le da su pecho, diciendo: "Oh Sarasvati, que tu pecho que es inagotable, delicioso, abundante, generoso, por el que regalas todas las bendiciones fluya aquí".

28. Luego se dirige a la madre del niño: "Tú eres Ila y Maitra Vamni; tú, mujer fuerte que has dado a luz un niño robusto. Seas bendita con niños fuertes ya que me has bendecido con un niño robusto".

Y ellos dicen de ese niño: "Ah, tú eres mejor que tu padre; oh tú eres mejor que tu abuelo. En verdad, ha alcanzado el punto más alto en felicidad, alabanza y gloria védica aquel nacido como el hijo de un brahmín que conoce esto".

QUINTO BRAHMANA

1. A continuación la estirpe:
    1. Pautimashiputra de Katyayaniputra,
    2. Katyayaniputra de Gotamiputra,
    3. Gotamiputra de Bharadvagiputra,
    4. Bharadvagiputra de Parasariputra,
    5. Parasariputra de Aupasvatiputra,
    6. Aupasvatiputra de Parasariputra,
    7. Parasariputra de Katyayaniputra,
    8. Katyayaniputra de Kausikiputra,
    9. Kausikiputra de Alambiputra y Vaiyaghrapadiputra,
    10. Alambiputra y Vaiyaghrapadiputra de Kanviputra,
    11. Kanviputra de Kapiputra,
    12. Kapiputra.
2. de Atreyiputra,
    13. Atreyiputra de Gautamiputra,
    14. Gautamiputra de Bharadvagiputra

15. Bharadvagiputra de Parasariputra,
16. Parasariputra de Vatsiputra,
17. Vatsiputra de Parasariputra,
18. Parasariputra de Varkaruniputra,
19. Varkaruniputra de Varkaruniputra,
20. Varkaruniputra de Artabhagiputra,
21. Artabhagiputra de Saungiputra,
22. Saungiputra de Sankritiputra,
23. Sankritiputra de Alambayaniputra,
24. Alambayaniputra de Alambiputra,
25. Alambíputra de Gayantiputra,
26. Gayantiputra de Mandukayaniputra,
27. Mandukayaniputra de Mandukiputra,
28. Mandukiputra de Sandiliputra,
29. Sandiliputra de Rathitariputra,
30. Rathitariputra de Bhalukiputra,
31. Bhalukiputra de Krauñkikiputrau,
32. Krauñkikiputrau de Vaittabhatiputra,
33. Vaittabhatiputra de Karsakeyiputra,
34. Karsakeyiputra de Prakinayogiputra,
35. Prakimayogiputra de Sañgiviputra,
36. Sañgiviputra de Prasñiputra Asurivasin,
37. Prasñiputra Asurivasin de Asurayana,
38. Asurayana de Asuri,
39. Asuri

3. de Yagñavalkya,

40. Yagñavalkya de Uddalaka,
41. Uddalaka de Aruna,
42. Aruna de Upavesi,
43. Upavesi de Kusri,
44. Kusri de Vagasravas,
45. Vagasravas de Gihvavat Vadhyoga,
46. Gihvavat Vadhyoga de Asita Varshagana,
47. Asita Varshagana de Harita Kasyapa,
48. Harita Kasyapa de Silpa Kasyapa,
49. Silpa Kasyapa de Kasyapa Naidhruvi,
50. Kasyapa Naidhruvi de Vak,

51. Vak de Ambhini,

52. Ambhini de Adytia, el Sol.

Proviniendo de Aditya, el Sol, estos versos puros Yagus han sido proclamados por Yagñavalkya Vagasaneya.

4. Lo mismo hasta Sañgiviputra, luego,

36. Sañgiviputra de Mandukayani,

37. Mandukayani de Mandavya,

38. Mandavya de Kautsa,

39. Kautsa de Mahitthi,

40. Mahitthi de Vamakakshayana,

41. Vamakakshayana de Sandilya,

42. Sandilya de Vatsya,

43. Vatsya de Kusri,

44. Kusri de Yagñavakas Ragastambayana,

45. Yagñavakas Ragastambayana de Turu Kavasheya,

46. Turu Kavasheya de Pragapati,

47. Pragapati[97] de Brahma,

48. Brahman es Svayambhu, existente por sí mismo.

¡Adoración a Brahma!

SVETASVATARA UPANISHAD

SVETASVATARA UPANISHAD

PRIMER ADHYAYA

1. Los estudiantes de Brahma preguntan: ¿Es Brahma la causa? ¿De dónde hemos nacido? ¿Cómo vivimos, y adónde vamos? Oh vosotros que conocéis a Brahma, decidnos, ¿a disposición de quién nos encontramos, ya sea en el dolor o en el placer?

2. ¿Deberían ser considerados como la causa el tiempo, la naturaleza, la necesidad, la suerte o los elementos, o aquel que es llamado la persona (purusha, vigñanatma)? Tampoco puede ser su unión, porque no es independiente, y también el ser es impotente, porque, independientemente de él, existe una causa del bien y del mal.

3. Los sabios, dedicados a la meditación y a la concentración, han visto el poder perteneciente a Dios mismo, escondido en sus propias cualidades (guna). Él, siendo uno, supervisa todas esas causas, el tiempo, el ser y el resto.

4. Meditamos en él que como una rueda tiene una piña con tres llantas, dieciséis puntas, cincuenta radios, con veinte contrarradios, y seis grupos de ocho; cuya cuerda única es múltiple, que sigue su curso en tres diferentes caminos, y cuya ilusión proviene de dos causas.

5. Meditamos en el río que contiene aguas de los cinco arroyos, las cuales son bravías y tortuosas con sus cinco manantiales, cuyas olas son las cinco respiraciones vitales, cuyo nacimiento es la mente, y su curso los cinco tipos de percepciones. Tiene cinco remolinos, sus raudales (corrientes) son los cinco dolores; tiene cincuenta tipos de sufrimiento, y cinco ramas.

6. En esa vasta rueda de Brahma en la que todas las cosas viven y

descansan, el pájaro revolotea por todas partes, mientras piensa que el ser (en él) es diferente del motor (el dios, el Señor). Cuando ha sido bendecido por él, entonces obtiene la inmortalidad.

7. Pero lo que es alabado (en los Upanishads) es el Brahma Supremo, y en él se encuentra la Tríada. El Brahma Supremo es el sostén incólume, es imperecedero. Los estudiantes de Brahma, cuando han conocido lo que existe dentro de este mundo, se convierten en devotos y se funden en Brahma, libres del nacimiento.

8. El Señor (Isa) sostiene todo esto al mismo tiempo, lo perecedero y lo imperecedero, lo desarrollado y lo sin desarrollar. El ser vivo, no siendo un Señor, se encuentra atado, porque tiene que disfrutar de los frutos de sus acciones; pero cuando él ha conocido al dios (deva), es liberado de todas las ataduras.

9. Existen dos, uno que conoce (isvara), y el otro que no conoce (giva); ambos sin nacimiento uno fuerte, el otro débil; existe ella, la no nacida, a través de la cual cada hombre recibe la recompensa de sus acciones; y existe el Ser infinito que aparece bajo todas las formas, pero el mismo es inactivo. Cuando un hombre encuentra estos tres, eso es Brahma.

10. Eso que es perecedero es el Pradhana (el primero), el inmortal e imperecedero es Hara. El único dios gobierna lo perecedero (el pradhana) y el ser vivo. El meditar en él, el hacerse uno con él trae consigo al final el cese de toda la ilusión.

11. Cuando ese dios es conocido, se caen todas las cadenas, los sufrimientos son destruidos y el nacimiento y la muerte cesan. De la meditación en él surge, al disolverse el cuerpo, el tercer estado, el del señorío universal; pero únicamente aquel que está solo[99] está satisfecho.

12. Esto, que descansa eternamente dentro del ser, debe ser conocido; y nada aparte de esto tiene que ser conocido. Conociendo al que disfruta, al disfrutado y al gobernante, todo ha sido declarado triple, y éste es Brahma.

13. Del mismo modo que la forma del fuego, aunque existe en la maleza, no puede ser vista, ni su semilla puede ser destruida, sino que tiene que ser capturada por medio del palo y de la maleza, así es en ambos casos, y el Ser tiene que ser capturado en el cuerpo por medio del pranava (la sílaba Om).

14. Haciendo de este cuerpo la maleza y de la sílaba Om la madera de lo alto de la montaña, el hombre, después de practicar la meditación, percibirá al dios brillante, como la chispa escondida en la madera.

15. Como el aceite en las semillas, como la mantequilla en la nata, como el agua en los lechos secos de los ríos, como el fuego en la madera así el Ser puede ser descubierto dentro del ser, si el hombre le busca con verdad y practicando penitencias.

16. Si él busca el Ser que se encuentra en todas las cosas, como la mantequilla se encuentra en la leche, que sepa que sus raíces son el conocimiento del ser y la penitencia. Ese es el Brahma enseñado por el Upanishad.

SEGUNDO ADHAYA

1. Savitri (el sol), habiendo primero recogido su mente y expandido sus pensamientos, dio forma a Agni (fuego), cuando él había descubierto su luz, por encima de la tierra.

2. Con las mentes recogidas estamos a disposición del divino Savitri, de forma que así podamos ser bendecidos.

3. Que Savitri, después de haber alcanzado con su mente a los dioses al elevarse éstos hacia el cielo, y después de haber llegado con sus pensamientos hasta el cielo, conceda a estos dioses el don de hacer brillar una gran luz.

4. Los sabios del gran sabio recogen su mente y sus pensamientos. Sólo aquel que conoce la ley (Savitri) ha dispuesto las invocaciones; grande es la gloria del divino Savitri.

5. Tu vieja oración tiene que unirse a las alabanzas. ¡Que mi canto surja como un camino hacia el Sol! Que escuchen todos los hijos del inmortal, aquellos que han alcanzado sus moradas celestiales.

6. Donde se frota el fuego, donde el viento es controlado, donde fluye el Soma, allí nace la mente.

7. Amemos al antiguo Brahma por la gracia de Savitri; si haces de ese lugar tu morada, el camino no te dañará.

8. Si un hombre sabio mantiene su cuerpo con sus tres partes rectas (pecho, cuello y cabeza), y dirige sus sentidos junto con la mente hacia el corazón, entonces en el barco de Brahma cruzará todos los torrentes que provocan el miedo.

9. Que aquel que ha controlado todos los movimientos, reduciendo sus respiraciones, respire suavemente por la nariz. Que el hombre sabio controle su mente sin desfallecer, ese carro conducido por caballos perversos.

10, Que realice sus ejercicios en un lugar llano, puro, sin piedras, fuego o polvo, delicioso por sus sonidos, su agua y sus paisajes, no desagradable a la vista, y lleno de refugios y cuevas.

11. Cuando se practica el Yoga, las formas que se perciben primero, produciendo apariciones en Brahma, son: niebla, humo, el sol, el fuego, luciérnagas, relámpagos y la luna.

12. Cuando, así como la tierra, el agua, la luz, el calor, el éter surgen, la cualidad quíntuple del Yoga tiene lugar, y entonces ya no hay más enfermedad, vejez o dolor para aquel que ha obtenido un cuerpo, producido por el fuego del Yoga.

13. Los primeros resultados del Yoga son: ligereza, salud, firmeza, buen color, una fácil pronunciación, un olor dulce y una excreción ligera.

14. Del mismo modo que un disco de metal (espejo), manchado por el polvo, brilla de nuevo después de haberse limpiado, así también se encuentra una persona satisfecha y libre del dolor cuando ha visto la verdadera naturaleza del ser.

15. Y cuando por medio de la verdadera naturaleza de su ser ve, como por una lámpara, la verdadera naturaleza de Brahma, entonces habiendo conocido al dios no nacido, eterno que está más allá de todas las naturalezas, se encuentra libre de todas las ataduras.

16. En verdad él es el dios que habita todas las regiones: él es el primer nacido (como Hiranyagarbha), y él se encuentra en el vientre. El ha nacido y nacerá. Se encuentra detrás de todas las personas, mirando a todas partes.

17. Al dios que se halla en el fuego, al dios que se halla en el agua, al dios que ha formado parte de todo el mundo, al dios que se halla en las plantas, al dios que se halla en los árboles, ¡adoración a ese dios, adoración!

TERCER ADHYAYA

1. El trampero[100] gobierna él solo por sus poderes, gobierna todos los mundos por sus poderes, es siempre el mismo, mientras las cosas nacen y existen, aquellos que conocen esto son inmortales.

2. Como hay solamente un Rudra, no permiten un segundo, que gobierne todos los mundos por sus poderes. Se encuentra detrás de

todas las personas, y después de haber creado todos los mundos él, el protector, los trae hacia sí al final de los tiempos.

3. Ese único dios, teniendo sus ojos, su cara, sus brazos y sus pies en todas partes, al producir el cielo y la tierra, los forja juntos con sus brazos y sus alas.

4. Él, creador sostén de los dioses, Rudra, el gran Sabio, el señor de todas las cosas, el que anteriormente dio a luz a Hiranyagarbha, que pueda dotarnos de buenos pensamientos.

5. ¡Oh Rudra, morador de las montañas, muéstranos tu bienaventurada forma que es propicia, no terrible, y que no revela ningún mal!

6. ¡Oh Señor de las alturas, haz que sea propicia esa flecha que tú, morador de las montañas, sujetas en tu mano para disparar! ¡No hagas daño a ningún hombre ni a ninguna bestia!

7. Aquellos que más allá de esto conocen al Brahma Supremo, inmenso escondido en los cuerpos de todas las criaturas, que envuelve él solo, como el Señor, a todas las cosas, se vuelven inmortales.

8. Conozco a esa persona grandiosa (purusha) de resplandeciente rostro más allá de la oscuridad. El hombre que de verdad le conoce, sobrepasa la muerte; no hay ningún otro camino que andar.

9. Todo este universo está lleno de esta persona (purusha), y no hay nadie superior a ella; para ella no hay nadie diferente, nada es más grande o más pequeño, está solo, fijo como un árbol en el cielo.

10. Aquello que está más allá de este mundo no tiene forma y desconoce el sufrimiento. Aquellos que lo conocen, se vuelven inmortales, pero los demás en verdad sufren dolor.

11. Ese Bhagavat existe en las caras, en las cabezas, en los cuellos de todos, él vive en la cueva del corazón de todos los seres, él lo llena todo, por lo tanto es el onmipresente Shiva.

12. Esa persona (purusha) es el gran señor; él es el motor de la existencia, él posee el poder más puro de llegar a todas las cosas, él es luz, él no conoce la destrucción.

13. La persona (puriasha), no mayor que un pulgar, que siempre vive dentro en el corazón del hombre, es percibida por el corazón, el pensamiento y la mente; aquellos que lo conocen se vuelven inmortales.

14. La persona (purusha) con mil cabezas, mil ojos, mil pies, habiendo rodeado la tierra por todos los lados, se extiende más allá de ella por diez dedos de anchura.

15. Sólo esa persona (purusha) es todo esto, lo que ha sido y lo que será; él también es el Señor de la inmortalidad; él es todo lo que crece por la comida.

16. Sus manos y pies están en todas partes, sus ojos y cabeza están en todas artes, sus oídos están en todas partes, lo abarca todo en el mundo.

17. Separado de todos los sentidos, y sin embargo reflejando las cualidades de todos los sentidos, es el Señor y gobernador de todo, es el mayor refugio para todos.

18. El espíritu encarnado dentro de la ciudad de nueve puertas, el pájaro que revolotea hacia afuera, el gobernador de todo el mundo, de todo lo que descansa y de todo lo que se mueve.

19. Agarra sin manos, corre sin pies, ve sin ojos, oye sin oídos. Él conoce todo lo que puede ser conocido, pero nadie le conoce a él; le llaman el primero, el grande (purusha).

20. El Ser, más pequeño que lo pequeño, más grande que lo grande, se encuentra en el corazón de la criatura. El hombre que ha dejado todo sufrimiento tras de sí, contempla la majestad, al Señor, el impasible, por la Gracia del creador (el Señor).

21. Sé que este ser de todas las cosas, indestructible y ancestral es infinito y omnipresente. Declaran que en él cesa todo el nacimiento, ya que los estudiosos de Brahma proclaman que él es eterno.

CUARTO ADHYAYA

1. Él, el sol, sin ningún color, que con un propósito determinado por medio de su poder (sakti) produce colores sin fin, en el que todo esto se junta en el principio y se hace pedazos al final, que él, el dios, nos conceda buenos pensamientos.

2. En verdad ese Ser es Agni (el fuego), el Aditya (el sol), es Vayu (el viento), es Kandramas (la luna); del mismo modo también es el firmamento estrellado, es Brahma (Hiranyagarbha), es el agua, es Pragapati (Virag).

3. Eres mujer, eres hombre; eres joven, eres doncella; tú, como un hombre anciano que se tambalea sobre su bastón, has nacido con tu cara mirando hacia todas partes.

4. Eres la abeja de color azul oscuro, eres el loro verde de ojos rojos, eres la nube tormentosa, las estaciones, los mares. No tienes principio porque eres infinito. Tú del que surgen todos los mundos.

5. Hay un ser que no ha conocido el nacimiento (hembra), roja blanca y negra, uniforme pero produciendo mucha descendencia. Hay un ser que no ha conocido el nacimiento (varón) que la ama y yace a su lado; hay otro que la abandona, mientras ella está comiendo lo que tiene que ser comido.

6. Dos pájaros, amigos inseparables, se sujetan al mismo árbol. Uno de ellos como el fruto dulce, el otro contempla sin comer.

7. En el mismo árbol está el hombre afligido, y confuso por su propia impotencia (an-isa). Pero cuando ve al otro señor (isa) contento, y conoce su gloria, entonces desaparece su aflicción.

8. Aquel que no conoce ese ser indestructible del Rig-veda, ese Supremo Ser como el éter donde moran todos los dioses, ¿de qué le sirve el Rig-veda? Sólo aquellos que lo conocen, descansan satisfechos.

9. Eso de donde el hacedor (mayin) exhala todo esto —los versos sagrados, las ofrendas, los sacrificios, las panaceas, el pasado, el futuro y todo lo que declaran los Vedas— en eso el otro queda atado a través de esa maya.

10. Conoce que Prakriti (naturaleza) es Maya (ilusión) y el gran Señor el Mayin (hacedor); todo el mundo está lleno de sus miembros.

11. Si un hombre le ha reconocido a aquel que siendo uno, gobierna todas las causas, en quien todo esto se une y en quien todo se destruye de nuevo, aquel que es el Señor, el que otorga las bendiciones, el dios adorable, entonces mora para siempre en esa paz.

12. Él, el creador y sostenedor de los dioses, Rudra, el gran sabio, el señor de todos, que vio nacer a Hiranyagarbha, que nos conceda buenos pensamientos.

13. Él que es el soberano de los dioses, él en quien descansan todos los mundos, él, que gobierna a todos los seres de dos y cuatro piernas, a ese dios, hagamos sacrificios y oblación.

14. Él que ha conocido a aquel que es más sutil que lo sutil, que en medio del caos crea todas las cosas, que tiene múltiples formas, que sólo él lo abarca todo, el dichoso (Shiva), mora para siempre en la paz.

15. También en eras anteriores fue el guardián de este mundo, el Señor de todos, escondido dentro de todos los seres. En él se unen los

Brahmarshis y las deidades, y aquel que le conoce se deshace de las ataduras de la muerte.

16. Aquel que descubre que Shiva (el bendito) se encuentra escondido en el corazón de todos los seres, como la sutil capa que se origina de la mantequilla purificada, abarcando él solo todas las cosas, él conoce al dios, y se encuentra libre de todas las ataduras.

17. Ese dios, el hacedor de todas las cosas, el Ser Supremo, que siempre se encuentra en el corazón del hombre, es percibido por el corazón, el alma y la mente; aquellos que le conocen se vuelven inmortales.

18. Cuando aparece la luz, no hay ni noche, ni día, ni existencia ni no-existencia; sólo Shiva (el bendito) se encuentra ahí. Esa es la luz adorable y eterna de Savitri, y de ahí proviene la antigua sabiduría.

19. Nadie le ha capturado por encima, o a través, o en el medio. No existe ninguna imagen de aquel cuyo nombre es Gran Gloria.

20. Su forma no puede ser vista, nadie le percibe con estos ojos. Aquellos que conocen a través del corazón y de la mente que él se encuentra en el corazón, se vuelven inmortales.

21. "No has conocido el nacimiento", con estas palabras alguien se acerca a él temblando. ¡Oh Rudra, que tu benigno rostro me proteja para siempre!

22. ¡Oh Rudra! ¡No causes daño a nuestra descendencia, ni a nuestra propia vida, ni a nuestras vacas, ni a nuestros caballos! No mates a nuestros hombres en tu ira, pues, haciendo oblaciones, siempre te invocamos.

QUINTO ADHYAYA

1. En el Supremo Brahma imperecedero e infinito, donde se encuentran escondidos los dos, el conocimiento y la ignorancia, el uno, la ignorancia, perece, el otro, el conocimiento, es inmortal; mas aquel que controla ambos, el conocimiento y la ignorancia, es otro.

2. Es aquel que, siendo solamente uno, gobierna todas las causas, todas las formas, todos los gérmenes; es aquel que en el principio da a luz en sus pensamientos al hijo sabio, el apasionado, a quien desea contemplar mientras nace.

3. En ese campo en el que el dios, después de desplegar una red de

seres detrás de otra en diversas formas, lo replega todo de nuevo, el Señor, el gran Ser, habiendo también creado a los señores, así mantiene su señorío sobre todas las cosas.

4. Así como el carro del sol brilla, iluminando todas las regiones, por encima, por abajo, y a través, así ese dios, el santo, el adorable, siendo uno, rige sobre todo aquello que tiene la naturaleza de un germen.

5. Él, siendo uno, gobierna a todos y a todas las cosas, de modo que el germen universal madura su naturaleza, diversifica todas las naturalezas que pueden madurar y determina todas las cualidades.

6. Brahma (Hiranyagarbha) conoce esto, que se halla oculto en los Upanishads, que se encuentra escondido en los Vedas, como el germen de Brahma. Los antiguos dioses y poetas que lo conocieron se convirtieron en ello se hicieron inmortales.

7. Pero aquel que es dotado de cualidades y realiza acciones para conseguir frutos, y disfruta del premio de cualquier cosa que haya hecho, migra por sus propias acciones a través del señor de la vida, y tomando todas las formas, es conducido por los tres Gunas por los tres caminos.[101]

8. También ese ser inferior, no mayor que un pulgar, pero brillante como el sol, que está dotado de personalidades y pensamientos, con la cualidad de mente y la cualidad de cuerpo, se ve incluso tan pequeño como la punta de un aguijón.

9. Ese alma viviente se dice que es parte de la centésima parte de la punta de un pelo, dividida cien veces, y sin embargo es infinita.

10. No es una mujer, ni un hombre, ni es neutro; cualquier cuerpo que toma, sólo con él se une.

11. Por medio de los pensamientos, del tacto, de la vista y de las pasiones, el Ser encarnado asume sucesivamente en diversos lugares diversas formas, de acuerdo con sus acciones, del mismo modo que el cuerpo crece cuando se le da comida y agua.

12. Ese Ser encarnado, según sus propias cualidades, asume muchas formas, burdas o sutiles, y habiendo él mismo causado su unión con ellas, se le ve como uno y otro, a través de las cualidades de sus actos, y a través de las cualidades de su cuerpo.

13. Quien conoce a aquel que no tiene principio ni fin, en medio del caos, creando todas las cosas, con múltiples formas, envolviendo él solo todas las cosas, está libre de todas las ataduras.

14. Aquellos que conocen a aquel que puede ser percibido por la mente, que no puede decir que sea el cuerpo, que crea la existencia y la no-existencia, el ser feliz (Shiva), que también crea los elementos, han abandonado el cuerpo.

SEXTO ADHYAYA

1. Algunos hombres sabios, engañados, hablan unos de la Naturaleza, y otros del tiempo (como la causa de todas las cosas); pero es por la grandeza de Dios por la que gira esta rueda de Brahma.

2. Es el mandato de aquel que siempre cubre este mundo, el conocedor, el destructor del tiempo, que asume las cualidades de todos los conocimientos, es a su mandato que esta creación se despliega, que es denominada tierra, agua, fuego, aire y éter;

3. aquel que después de haber realizado esa acción y descansado de nuevo, y después de haber unido la esencia (el ser) con la materia, con uno, dos, tres u ocho, también con el tiempo y las cualidades sutiles de la mente,

4. que, después de comenzar las acciones dotadas de las tres cualidades, puede regir todas las cosas, sin embargo, cuando en la ausencia de todas éstas, él ha causado la destrucción de lo realizado, continúa existiendo, siendo en verdad diferente de lo que ha producido.

5. Él es el principio, el que produce las causas que unen (el alma con el cuerpo), y, estando por encima de las tres clases de tiempo (pasado, presente y futuro), se le ve como si no tuviera parte, después de adorar primero a ese dios adorable, de múltiples formas,[102] la verdadera fuente de todas las cosas, como el morador de nuestra propia mente.

6. Él está más allá de todas las formas de los tres (del mundo) y del tiempo, él es el otro, con el cual este mundo gira, cuando uno ha descubierto que aquel que trae el bien y aparta el mal, el señor de la felicidad, mora dentro del ser, el inmortal, el apoyo de todos.

7. Conozcamos al supremo Señor de los señores, la más alta deidad de las deidades, el maestro de los maestros, el más alto, el dios, el señor del mundo, el adorable.

8. No hay ningún efecto y ninguna causa que le descubran, nadie puede igualársele o mejorarle; su alto poder es revelado como múltiple, como inherente, actuando como fuerza y conocimiento.

9. Él no tiene ningún maestro en el mundo, ni -nadie le gobierna, y ni siquiera existe indicio para descubrir quién es. Él es la causa, el señor de los señores de los órganos, de los sentidos, y no tiene padre ni señor.

10. Ese único dios que espontáneamente se encubrió a sí mismo, como una araña, tejiendo hilos desde la primera causa (prachana), nos permite entrar en Brahma.

11. Él es el único Dios, escondido en todos los seres, el que todo lo penetra, el ser dentro de todos los seres, que gobierna todas las acciones, que mora en todas las criaturas, el testigo, el observador, el único libre de las cualidades.

12. Él es el único que gobierna a muchos que parece que actúan, pero que en realidad no actúan; él multiplica la única semilla. Los sabios que le perciben dentro de su ser, a ellos pertenece la felicidad eterna, no a otros.

13. Él es el eterno entre los eternos, el pensador entre los pensadores; que, siendo uno, cumple los deseos de muchos. El que ha conocido esa causa que debe ser aprendida por (la filosofía) Sankh y el Yoga (disciplina religiosa), se encuentra libre de todas las ataduras.

14. Allí no brilla el sol, ni la luna y las estrellas, ni estos relámpagos, ni mucho menos este fuego. Cuando él brilla, todo brilla tras él; por su luz todo es iluminado.

15. Él es el único pájaro en medio del mundo; él también es como el fuego del sol que se ha puesto en el océano. Aquel hombre que verdaderamente le conoce, sobrepasa la muerte; no ha ningún otro camino adonde ir.

16. Él crea a todos, él conoce a todos, existente por sí mismo, el conocedor, el destructor del tiempo, que asume cualidades y conoce todo, el maestro de la naturaleza y del hombre, el señor de las tres cualidades (gunas), la causa del apego, de la existencia y la liberación del mundo.

17. Aquel que ha llegado a ser eso, él es el inmortal, y perdura como el señor, el conocedor, el eterno guardián de este mundo, que siempre gobierna este mundo, porque ningún otro es capaz de hacerlo.

18. Buscando libertad, me refugio en ese Dios que es la luz de sus pensamientos, aquel que primero crea a Brahma y le entrega los Vedas;

19. aquel que no tiene partes, que no realiza acciones, tranquilo, sin culpa, sin mancha, el puente más elevado hacia la inmortalidad como un fuego que ha consumido su combustible.

20. Solamente cuando los hombres enrollen el firmamento como un cuerpo, el sufrimiento llegará a su fin, a no ser que primero Dios sea conocido.

21. A través del poder de sus penitencias y por la gracia de Dios el sabio Svetasvatara ha proclamado en verdad a Brahma como el supremo y más santo a los mejores de los ascéticos, como fue aprobado por la compañía de los Rishis.[103]

22. Este misterio supremo del Vedanta, comunicado en la edad anterior, no deberá ser transmitido a aquel cuyas pasiones no han sido controladas, ni a aquel que no es un hijo, ni un discípulo.

23. Si estas verdades han sido comunicadas a un hombre que siente una devoción suprema por Dios, y por su Guru como por Dios, entonces irradiarán, en verdad, resplandecerán.

PRASÑA - UPANISHAD

PRIMERA PREGUNTA

¡Adoración al Ser Supremo! ¡Harih, Om!

1. Sukesas, Bharadvaga, y Saivya Satyakarna, y Sauryayanin Gargya, y Kausalya Asvalayana, y Bhargava Vaidarbhi, y Kabandhim Katyayana, éstos fueron devotos de Brahma, firmes en Brahma, buscando el Brahma Supremo. Ellos pensaban que el venerable Pippalada podría hablarles de todo eso, y por lo tanto cogieron combustible en sus manos (como discípulos) y fueron a él.

2. Ese Rishi les dijo: "Permaneced aquí un año más, haciendo penitencias y abstinencia y teniendo fe; entonces podréis hacer las preguntas que deseéis, y si sabemos os las responderemos todas".

3. Entonces Kabandhin Katyayana se acercó a él y le preguntó: "Señor, ¿de dónde nacen estas criaturas?"

4. Él respondió: "Pragapati (el señor de las criaturas) se sentía deseoso de criaturas (pragâh). Hizo penitencias, y después de esto produjo un par, materia (rayi) y espíritu (prana), pensando que juntos producirían criaturas para él en muchas formas.

5. "El sol es espíritu, la materia es la luna. Todo esto, lo que tiene y lo que no tiene cuerpo, es materia, y por lo tanto el cuerpo en verdad es materia.

6. "Ahora bien, Aditya, el sol, cuando sale, va hacia el Este, y así recibe en sus rayos a los espíritus del Este. Y cuando ilumina el Sur, El Oeste, el Norte, el Cenit, el Nadir, los cuartos intermedios y todo lo demás, recibe en sus rayos a todos los espíritus.

7. "Así él se eleva, como Vaisvanara (que pertenece a todos los hombres) tomando todas las formas, como espíritu, como fuego. Esto ha sido dicho en el siguiente verso:

8. "Ellos conocían a aquel que toma todas las formas, el dorado, que

sabe todas las cosas, que asciende a lo más alto, solo en su esplendor, y nos calienta; el de los mil rayos, que habita en cien lugares, el espíritu de todas las criaturas, el sol, se eleva.

9. "En verdad el año es Pragapati y de ahí salen dos caminos, el del Sur y el del Norte. Ahora bien, aquellos que aquí creen en sacrificios y donaciones piadosas, obtienen la luna solamente como su mundo futuro, y vuelven de nuevo. Por lo tanto los Rishis que desean descendencia, van hacia el Sur, y ese camino de los antepasados es materia (rayi).

10. "Pero aquellos que han buscado el Ser por penitencia, abstinencia, fe y conocimiento, obtienen por el camino del Norte a Aditya, el sol. Este es el hogar de los espíritus, el inmortal, libre de peligro, el supremo. De ahí no vuelven, porque es el final. Así reza el Sloka:

11. "Algunos le llaman el padre con cinco pies (las cinco estaciones),[104] y con doce formas (los doce meses), el dador de la lluvia en la mitad superior del cielo; también otros dicen que el sabio es colocado en la mitad inferior, en la carroza con siete ruedas y seis rayos.

12. "El mes es Pragapati; su mitad oscura es la materia, su mitad brillante, el espíritu. Por consiguiente, al nos Rishis hacen sacrificios en la mitad brillante y otros en la otra mitad.

13. "El día y la noche son Pragapati; su día es el espíritu, su noche la materia. Aquellos que se unan en amor durante el día malgastan su espíritu, pero es correcto unirse en amor por la noche.

14. "La comida es Pragapati. De ahí procede la semilla, y de ella nacen estas criaturas.

15. "Por lo tanto aquellos que siguen esta regla de Pragapati (según se ha expuesto en el apartado 13) producen un par, ya ellos pertenece este mundo de Brahma de aquí. Pero a aquellos que hacen penitencia, abstinencia y viven en la verdad,

16. "a ellos les pertenece ese mundo puro de Brahma, expresamente a esos en los que no hay maldad, engaño o falsedad."

SEGUNDA PREGUNTA

1. Entonces Bhargava Vaidarbhi le preguntó: "Señor, ¿cuántos dioses[105] mantienen lo que de este modo ha sido creado, cuántos lo manifiestan[106] y quién es el mejor entre ellos?"

2. Él replicó: "El éter es ese dios, el viento, el fuego, el agua, la tierra, el habla, la mente, el ojo, el oído. Estos, cuando han manifestado su poder, disputan y dicen: Cada uno de nosotros guardamos este cuerpo y lo mantenemos.

3. "Entonces Prana (la respiración, el espíritu, el aliento o la vida), como el mejor, les dijo: No os engañéis, yo únicamente, dividiéndome en cinco, guardo y mantengo este cuerpo.

4. "Ellos eran incrédulos; así que él, por orgullo, dejó el cuerpo. Entonces, al salir él todos los demás también salieron, y cuando él volvió, todos los demás volvieron. Del mismo modo que las abejas salen cuando su reina sale y vuelven cuando ella vuelve, así también lo hicieron, el habla, la mente, el ojo y el oído; y, sintiéndose satisfechos, alabaron a Prâna, diciendo:

5. "Él es Agni (fuego), brilla como Surya (sol), él es Parganya (lluvia), el poderoso (Indra), él es Vayu (viento), él es a tierra, él es la materia, él es Dios, él es lo que es y lo que no es, y lo que es inmortal.

6. "Como los radios en el cubo de una rueda, todo está fijo en Prana. Los versos del Rig-veda, Yagur-veda y Sama-veda, el sacrificio, los Kshatriyas, y los Brahmines.

7. "Como Pragapati (señor de las criaturas), así tú te mueves en el seno, en verdad naces de nuevo. A ti, el Prana, estas criaturas traen ofrendas, a ti que moras con los otros pranas (los órganos de los sentidos).

8. "Tú eres el mejor mensajero de los Dioses, eres la primera ofrenda para los antepasados. Eres el verdadero trabajo de los Rishis, de los Atharvangiras.

9. "Oh Prana, tú eres Indra por tu luz, tú eres Rudra, como protector; te mueves en el cielo, eres el sol, el señor de las luces.

10. "Cuando los bañas con tu lluvia, entonces oh Prana, estas criaturas tuyas se deleitan, esperando tener tanta comida como deseen.

11. "Tú eres un Vratya, oh Prana, el único Rishi, el consumidor de todo, el buen señor. Nosotros somos los dadores de lo que tú tienes que consumir, tú oh Matarisva, eres nuestro padre.

12. "Haz propicio ese cuerpo tuyo que mora en el habla, en el oído, en el ojo y que llena la mente; ¡no te vayas!

13. "Todo esto se encuentra en el poder de Prana, todo lo que existe en los tres cielos. Protégenos como una madre a sus hijos, y otórganos felicidad y sabiduría."

TERCERA PREGUNTA

1. Entonces Kausalya Asvalayana preguntó: "Señor, ¿cómo nace ese Prana (espíritu)? ¿Cómo entra en este cuerpo? Y ¿cómo continúa después de que se ha dividido a sí mismo? ¿Cómo sale? ¿Cómo mantiene lo que está fuera y lo que está dentro?"

2. Él replicó: "Haces preguntas muy difíciles, pero eres amante de Brahma y por lo tanto te lo diré.

3. "Este Prana (espíritu) nace del Ser. Como la sombra arrojada en un hombre, así el prana se extiende por encima de ello (el Brahma). Por el trabajo de la mente[107] entra en este cuerpo.

4. "Al igual que un rey ordena a sus oficiales, diciéndoles: Gobernad los pueblos, así también ese Prana (espíritu) dispone de los otros pranas, cada uno para su diferente trabajo.

5. "El Apana (la respiración abdominal) en los órganos de excreción y generación; el mismo Prana mora en el ojo y en el oído, pasando a través de la boca y la nariz. En el medio se encuentra el Samana (respiración prolongada), reparte igualmente lo que ha sido sacrificado como alimento por todo el cuerpo, y las siete luces provienen de él.

6. "El Ser se encuentra en el corazón. Existen 101 arterias, y en cada una de ellas hay cien venas más pequeñas, y para cada una de estas ramas hay 72.000. En éstas se mueve el Vyana (la respiración).

7. "Por medio de ellas, el Udana (la expiración) nos eleva al mundo del bien por las buenas obras, al mundo del mal por las malas obras, al mundo de los hombres por ambas.

8. "El sol sale como el Prana externo, porque asiste al Prana en el ojo. La deidad existe en la tierra, se encuentra ahí en apoyo de Apana del hombre (respiración abdominal). El éter (entre el sol y la tierra) es el Samana (respiración prolongada), el aire es Vyana.

9. "La luz es el Udana (expiración), y por lo tanto aquel cuya luz se ha marchado toma un nuevo nacimiento con sus sentidos absorbidos en la mente.

10. "Cualquiera que sea su pensamiento (en el momento de la muerte) con eso él vuelve a Prana, y el Prana, unido con la luz, junto con el ser (el givatma) continúa en el mundo, como se merece.

11. "La descendencia de aquel que así conoce el Prana no perece y él se vuelve inmortal. Así dice el Sloka:

12. "Aquel que ha conocido el origen, la entrada, el lugar, la quíntuple distribución, y el estado interno del Prana, obtiene la inmortalidad, sí, obtiene la inmortalidad."

CUARTA PREGUNTA

1. Entonces Sauryayanin Gargya preguntó: "Señor, ¿quiénes son los que duermen en este hombre, y quiénes son los que están despiertos en él? ¿Cuál es el poder (deva) que ve los sueños? ¿De quién es la felicidad? ¿De qué dependen todos estos?"

2. Él replicó: "Oh Gargya, del mismo modo que cuando el sol se pone todos sus rayos se reúnen en ese disco de luz, al igual que cuando el sol sale una y otra vez ellos aparecen, así también todos los sentidos se reúnen, en la facultad más elevada (deva), la mente. Por lo tanto en ese momento ese hombre no oye, no ve, no huele, no gusta, no tiene tacto, no habla, no coge, no disputa, no evacúa, no se mueve. Él duerme, eso es lo que dice la gente.

3. Los fuegos de los pranas están, por así decirlo, despiertos en esa ciudad (el cuerpo). El Apana en el fuego Garhapatya, el Vyana en el fuego Anvaharyapakana; y debido a que es sacado del fuego Garhapatya, que es el fuego para poner afuera, el prâna es el fuego Ahavaraya.

4. "Ya que lleva igualmente estas dos oblaciones, la expiración y la inspiración, él es el Samana (el sacerdote Hotri). La mente es el sacrificador, el Udana es el premio del Sacrificio, y todos los días conduce al sacrificador a Brahma (en sueño profundo).

5. "Allí ese dios (la mente) disfruta en el sueño de la grandeza. Lo que ha sido visto, él lo ve de nuevo; lo que ha sido oído, él lo oye de nuevo; lo que ha sido disfrutado en diferentes países y regiones, lo disfruta de nuevo; lo que ha sido y no ha sido visto, oído y no oído, disfrutado y no disfrutado, él lo ve todo; él, siendo todo, ve.

6. "Y cuando se encuentra subyugado por la luz, entonces ese dios no ve ningún sueño, y en ese momento esa felicidad surge en su cuerpo.

7. "Y, oh amigo, así como los pájaros van a un árbol en busca de descanso, todo esto descansa en el Atman Supremo.

8. "La tierra y sus elementos sutiles, el agua y sus elementos sutiles, la luz y sus elementos sutiles, el aire y sus elementos sutiles, el éter y

sus elementos sutiles; el ojo y lo que puede ser visito, el oído y lo que puede ser oído, la nariz y lo que puede ser olido, el gusto y lo que puede ser gustado, la piel y lo que puede ser tocado, la voz y lo que puede ser hablado, las manos y lo que puede ser cogido, los pies y lo que puede ser andado, la mente y lo que puede ser percibido, el intelecto (buddhi) y lo que puede ser concebido, la personalidad y lo que puede ser personificado, el pensamiento y lo que puede ser pensado, la luz y lo que puede ser iluminado, el Prana y lo que es mantenido por él.

9. "Pues él es quien ve, escucha, huele, gusta, percibe, concibe, actúa, aquel cuya esencia es el conocimiento, la persona, que habita en el Ser Supremo y es indestructible.

10. "Aquel que conoce a ese ser indestructible, obtiene lo supremo e indestructible; aquel que no tiene sombra, sin cuerpo, sin color, brillante... sí, oh amigo, aquel que lo conoce, se vuelve omnisciente, se convierte en todo. Sobre esto hay este Sloka:

11. "Oh amigo, aquel que conoce a ese ser indestructible, en donde descansan el verdadero conocedor, los espíritus vitales (pranas), junto con todos los poderes (deva) y los elementos, él, siendo omnisciente, ha penetrado todas las cosas."

QUINTA PREGUNTA

1. Entonces Saivya Satyakama le preguntó: "Señor, si alguno entre los hombres meditase aquí hasta la hora de la muerte en la sílaba Om, ¿qué obtendría por ello?"

2. Él replicó: "Oh Satyakâma, la sílaba Om (AUM) es la más alta y también el otro Brahma; por lo tanto aquel que lo conoce llega por el mismo medio a uno de los dos.

3. "Si él medita en un Matra (él A), entonces, siendo iluminado solamente por ése, llega rápidamente a la tierra. Los versos Rik le conducen al mundo de los hombres, y siendo dotado allí con la penitencia, la abstinencia y la fe, disfruta de la grandeza.

4. "Si él medita en dos Matras (AU), llega a Manas[108] y es conducido por los versos Yagus al firmamento, al mundo del Soma. Habiendo disfrutado de la grandeza en el mundo del Soma, él vuelve de nuevo.

5. "De nuevo, aquel que medita en esta sílaba AUM de tres Matras,

en la Persona Suprema, él llega a la luz y al sol. Y del mismo modo que una serpiente queda libre de su piel, así él queda libre del mal. Él es conducido por los versos Saman al mundo de Brahma; y de él, lleno de vida (Hiranyagaibha, el señor de Satyaloka), aprende a ver al que todo lo penetra, a la Persona Suprema. Sobre esto hay estos dos Slokas:

6. "Los tres Matras (AUM), si se emplean por separado y únicamente se unen una con otra, son mortales; pero en actos, externos, internos o intermedios, si se ejecuta bien, el sabio no tiembla.

7. "A través de los versos Rik él llega a este mundo, a través de los versos Yagur al firmamento, a través de los versos Saman a eso que enseña el poeta; él llega a esto por medio del Onkara; el sabio llega a ese lugar en el que hay descanso, libre de la corrupción, de la muerte, del miedo, lo Supremo."

SEXTA PREGUNTA

1. Entonces Sukesas Bharadvaga le preguntó diciendo: "Señor, Hiranyanabha, el príncipe de Kosala, vino a mí y me hizo esta pregunta: ¿Conoces a la persona de dieciséis partes, oh Bharadyaga? Yo le dije al príncipe: no le conozco; si le conociera, ¿cómo no iba a decírtelo? En verdad, aquel que habla con falsedad acaba por pudrirse hasta la misma raíz; por lo tanto no diré lo que no es verdad. Diciendo esto se montó en un carro y se fue silenciosamente. Ahora te pregunto: ¿dónde está esa persona?"[109]

2. Él replicó: "Amigo, esa persona está aquí, dentro del cuerpo; aquel en el cual se elevan estas dieciséis partes".

3. Él reflexionó: "¿Qué es eso cuya partida causa también la mía, y cuya permanencia me hace a mí permanecer?

4. "Él creó el Prana (espíritu); del Prana Sraddha (la fe), el éter, el aire, la luz, el agua, la tierra, los sentidos, la mente, la comida; de la comida surgió el vigor, las penalidades, los himnos, el sacrificio, los mundos, y en los mundos también el nombre (o forma).

5. "Del mismo modo que estos ríos que fluyendo se dirigen hacia el océano, y cuando han llegado al océano, se hunden en él, desapareciendo, su nombre y forma se rompen, de modo que la gente habla únicamente del océano, exactamente del mismo modo estas dieciséis partes

del espectador que se dirige hacia la persona (purusha), cuando llegan a la persona, se hunden en ella, desapareciendo su nombre y su forma, de modo que la gente habla solamente de la personal pues se torna sin partes e inmortal. Sobre esto hay este verso.

6. "A esa persona que tiene que ser conocida, aquel en el que descansan estas partes, como rayos en el centro de una rueda, tú lo conoces, a menos que te alcance la muerte."

7. Entonces el Supremo (Pippalada) les dijo: "¡Conozco a este Supremo Brahma no hay nada más alto!"

8. Y luego, alabándole, dúo: "En verdad tú eres nuestro padre, tú que nos llevas desde nuestra ignorancia a la otra orilla".

¡Adoración a los supremos Rishis!

¡Adoración a los supremos Rishis!

¡Tam Sat! ¡Hari, Om!

MAITRAYANA BRAHMANA UPANISHAD

MAITRAYANA - BRAHMANA - UPANISHAD

PRIMER PRAPATHAKA

1. La preparación del sacrificio del fuego descrito anteriormente es en verdad el sacrificio del fuego. Por lo tanto que aquel que realiza el sacrificio, después de que haya preparado esos fuegos, medite en el Ser. Solamente así el que hace el sacrificio se vuelve completo y sin mácula.

Pero, ¿en quién hay que meditar? En aquel que es llamado Prana (respiración). Acerca de él existe esta historia:

2. Un rey, llamado Brihadratha, después de haber cedido a su hijo su soberanía, se fue al bosque, porque consideraba que este cuerpo era algo transitorio. Así pues, había conseguido liberarse de todos los deseos. Después de haber realizado las más difíciles austeridades, se puso de pie con los brazos en alto, mirando al sol. Al final de unos mil días, el Santo Sakayanya, que conocía el Ser, se le acercó, brillando con esplendor, como un fuego sin humo. Le dijo al rey: "Levántate, levántate! Elige un presente".

El rey, postrándose ante él, le dijo: "Oh Santo, yo no conozco al Ser, mas tú conoces la esencia (del Ser). Eso hemos oído. Enséñanoslo".

Sakayanya replicó: "Esto fue obtenido hace, siglos; pero lo que tú pides es difícil de conseguir. Oh Aikshvaka, elige otros placeres".

El rey, tocando los pies del Santo con su cabeza, recitó este Gatha:

3. "Oh Santo, qué sentido tiene el disfrutar de los placeres en este cuerpo repugnante y falto de esencia: una mera masa de huesos, piel, nervios, médulas, carne, simiente, sangre, mucosidad, lágrimas, flema, inmundicias, agua, bilis, y baba! ¡Qué sentido tiene el disfrutar de los placeres de este cuerpo que es atacado por la lujuria, el odio, la avaricia, el engaño, la angustia, la envidia, la separación de lo que es amado,

la unión con lo que no es querido, el hambre, la sed, la vejez, la muerte, la enfermedad, la tristeza y otros males!

4. "Y vemos que todo esto es perecedero, como estas moscas, mosquitos y otros insectos, como las hierbas y los árboles, crecen y se mueren. Y no sólo éstos; hay otros grandes seres, expertos en el manejo del arco, gobernadores de imperios, Sudyumna, Bhuridyumna, Indradyumna, Kuvalayasva, Yativanasva, Vadhryasva, Asvapati, Sasabindu, Hariskandra, Ambausha, Nahusha, Ananata, Saryati, Yayati, Anaranya, Ukshasena, y reyes como Maruta, Bharata (Danshayanti), y otros, que ante los ojos de su familia, entregaron la mayor felicidad, y de este mundo pasaron al otro. Y no sólo éstos; hay otros grandes seres. Vemos la destrucción de Gandharvas, Asuras, Yakshas, Rakshasas, Bhutas, Ganas, Pisakas, serpientes y vampiros. Y no solamente éstos; se secan los grandes océanos, se caen las montañas, se mueve la estrella polar, se cortan las cuerdas del viento (que sujetan las estrellas), la tierra se sumerge y los dioses (suras) se marchan de su lugar. En un mundo así, ¡qué sentido tiene el disfrutar de los placeres, si el que los ha alimentado tiene que volver a este mundo una y otra vez! ¡Dígnate por lo tanto a sacarme de él! En este mundo soy una rana en un pozo seco. ¡Oh Santo, tú eres mi camino, tú eres mi camino!"

SEGUNDO PRAPATHAKA

1. Entonces el Santo Sakayanya, sumamente complacido, le dijo al rey: "Gran rey Brihadratha, eres el estandarte de la raza de Ikshvaku; obteniendo rápidamente el Conocimiento del Ser, eres feliz y eres renovado por el nombre de Marut, el viento. En verdad éste es tu ser".

"¿Cuál, oh Santo?", dijo el rey. Entonces el Santo le dijo:

2. "Aquel que, sin parar la expiración, procede hacia arriba y que, modificado (por impresiones), y sin embargo no modificado, aparta la oscuridad (del error), él es el Ser. Así dijo el Santo Maitri." Sakayanya siguió explicando al rey Brihadhatha: "Aquel que en perfecto descanso, elevándose por encima de este cuerpo, alcanzando la luz suprema, surge en su propia forma, el intrépido, éste es Brahma".

3. "Esta es la ciencia de Brahma y la ciencia de todos los Upanishads, oh rey, que nos fue transmitida por el Santo Maitri. Te la contaré:

"Oímos (en los archivos sagrados) que en un tiempo existieron los Valakhilyas, que habían abandonado todo mal, y que eran vigorosos y desapasionados. Ellos dijeron al Pragapati Kratu: 'Oh Santo, este cuerpo no tiene inteligencia como un 'carruaje. ¿A qué ser sobrenatural pertenece este gran poder por el que un cuerpo así ha recibido la inteligencia? o, ¿quién es el cochero? Lo que conoces, oh Santo, dínoslo'." Pragapati respondió diciendo:

4. "Aquel que en el Sruti es llamado 'el ser Supremo', como los ascéticos desapasionados en medio de los objetos del mundo, en verdad él es puro, limpio, tranquilo, sin aliento, sin cuerpo infinito, imperecedero, firme, eterno, sin nacimiento, independiente, existe en su propia grandeza, y por él este cuerpo ha recibido la inteligencia, y él también es su cochero."

Aquéllos exclamaron: "Oh Santo, ¿cómo este cuerpo ha recibido la inteligencia por un Ser así que no tiene deseos y cómo es él su cochero?" Él les respondió diciendo:

5. "Ese Ser que es muy pequeño, invisible, incomprensible, llamado Purusha, existe por su propia voluntad, e igual que un hombre de sueño ligero se despierta cuando quiere. Y esta parte (del Ser) que es por completo inteligente, reflejada en el hombre (como el sol en diferentes vasijas de agua), conociendo el cuerpo (kshetragña) atestiguado por su concepción (imaginación), voluntad y creencia, es Pragapati (señor de las criaturas), llamado Visva. Por él, el inteligente, este cuerpo recibe la inteligencia, y de ello él es el cochero."

Ellos le dijeron: "Oh Santo, si, esto ha recibido la inteligencia por un Ser así, que no tiene deseos, y si él es su cochero, ¿cómo aconteció todo esto?" Él les respondió, diciéndoles:

6. "En el principio Pragapati (el señor de las criaturas) existía solo. No tenía felicidad estando solo. Entonces, meditando en sí mismo, creó muchas criaturas. Las contempló y vio que eran como una piedra, sin entendimiento, que se erguían como un poste sin vida. Él no tenía felicidad, así que pensó: 'Entraré dentro de ellos para que puedan despertar'. Convirtiéndose en aire (vayu) entró dentro de ellos. Al ser uno, no podía hacerlo. Entonces se dividió en cinco partes, y se llamó Prana, Apana, Samana, Udana y Vyana. Ese aire que sube es Prana. Eso que se mueve hacia abajo es Apana. Eso por lo que se supone que estos dos se mantienen es Upana. Eso por lo que se supone que estos dos se man-

tienen es Vyana. Eso que transporta la materia más grosera de los alimentos al Apana, y lleva la materia más sutil a cada miembro, se denomina Samana. (Después de estos —Prana, Apana, Samana— viene el trabajo del Vyana, y entre ellos —el Prana, Apana y Samana en un lado y el Vyana en otro— surge el Udana.) Eso que transporta para arriba o para abajo lo que ha sido bebido y comido es el Udana.

"Ahora bien, la vasija Upamsu (o prana) depende de la vasija Upamsu (prana), y entre estas dos el ser resplandeciente (ser) produce calor. Este calor es el purusha (persona), y este purusha es Agni Vaisvanara, y así se ha dicho en otra parte: Agni Vaisvarana es el fuego dentro del hombre, por el cual a comida que se come es cocinada, es decir, digerida. Su sonido es aquel que uno oye si cierra sus oídos. Cuando un hombre está a punto de dejar esta vida, no oye ese ruido'.

"Ahora bien, él, habiéndose dividido a sí mismo en cinco partes, se encuentra escondido en un lugar secreto (buddhi), asumiendo la naturaleza de la mente, teniendo los prânas como su cuerpo, resplandeciente, teniendo verdaderos conceptos, y libre como el éter. Sin embargo, sintiendo que no ha obtenido su objeto, piensa desde dentro de su corazón: Disfrutemos de los objetos'. Por lo tanto, habiendo primero abierto estas cinco puertas (de los sentidos), él disfruta de los objetos por medio de las cinco riendas. Esto significa que estos órganos de percepción (vista, oído, gusto, olfato y tacto) son sus tiendas; los órganos activos (lengua —para hablar— manos y pies, ano, órgano generativo) sus caballos; el cuerpo su carro, la mente el cochero, siendo el látigo el temperamento. Conducido por ese látigo, este cuerpo da vueltas como la rueda que maneja el alfarero. Este cuerpo recibe la inteligencia, y él es su cochero.

"Este es en verdad el Ser, que pareciendo lleno de deseos y dominado por frutos buenos o malos de la acción, vaga de un sitio a otro en todos los cuerpos (permaneciendo él mismo libre). Porque él no se manifiesta, puesto que es infinitamente pequeño, invisible. Ya que no puede ser atrapado y no está apegado a nada, así pues, él, pareciendo cambiante, un agente en eso que no es (prakriti), no es en realidad un agente y es inmutable. Él es puro, firme, estable, inmaculado, inamovible y libre del deseo, y permaneciendo un espectador, descansa en sí mismo. Habiéndose ocultado a sí mismo en el manto de las tres cualidades, él aparece como el que disfruta de rita (de sus buenas obras)"

TERCER PRAPATHAKA

1. Los Valakhiyas dijeron a Pragapati Kratu: "Oh Santo, si así tú nos muestras la grandeza de ese Ser, entonces, ¿quién es ese otro ser diferente, también llamado Ser que, subyugado por los buenos y malos frutos de la acción, toma un nacimiento bueno o malo? Hacia arriba o hacia abajo en su curso, y dominado por los pares de opuestos (la distinción entre el calor y el frío, el placer y el dolor) vaga de un lugar a otro".

2. Pragapati Kratu replicó: "En verdad existe otro ser diferente, llamado el Ser elemental (Bhutatma) que, subyugado por los frutos buenos y malos de la acción, toma un nacimiento bueno o malo: hacia abajo o hacia arriba en su curso, y dominado por los pares de opuestos, vaga de un lugar a otro. Y ésta es su explicación: Los cinco Tanmatras (sonido, tacto, forma, gusto y olfato) son llamados Bhuta; también los cinco Mahabhutas (elementos groseros) son llamados Bhuta. Luego el total de todos éstos se llama sarira, cuerpo. Y Último aquel del que se dijo que habitaba en el cuerpo, se ama Bhutatma, el Ser elemental. Así pues, su Ser inmortal es como una gota de agua sobre una hoja de loto, y él mismo es dominado por las cualidades de la naturaleza. Entonces, al ser subyugado de esa manera, quedó aturdido, y al quedar aturdido, dejó de ver al creador, al sagrado Señor, habitando dentro de él mismo. Arrastrado por las olas de las cualidades, oscurecido en sus imaginaciones, inestable, voluble, inválido, lleno de deseos vacilante, empieza a creer: 'Yo soy él', 'esto es mío'; y creyendo esto, ata su Ser como un pájaro con una red, y dominado después por los frutos de lo que ha hecho, obtiene un nacimiento bueno o malo. Hacia abajo o hacia arriba en su curso, y dominado por los pares de opuestos, vaga de un lugar a otro".

Aquéllos preguntaron: "¿Qué es ello?" Y él les respondió así:

3. "Esto también ha sido dicho en otro lugar: Aquel que actúa es el Ser elemental, aquel que actúa por medio de los órganos, es el hombre interior (antahpurusha). Ahora bien, del mismo modo que incluso una bola de hierro, subyugado por el fuego y martilleado por los herreros, puede asumir diferentes formas: curva, redonda, grande, pequeña, así también el Ser elemental, subyugado por el hombre interior y martilleado por las cualidades, se vuelve múltiple. Y las cuatro tribus (mamíferos, pájaros, etcétera), los catorce mundos (Bhu, etcétera) con todo el número de seres, multiplicado ochenta y cuatro veces, todo esto apare-

ce como múltiple. Y esas cosas múltiples son impulsadas por el hombre (purusha) como la rueda por el alfarero. Y del mismo modo que cuando la bola de hierro no es martilleada, el fuego no es subyugado, tampoco el hombre interior es subyugado, mas el Ser elemental sí lo es, porque se ha unido (con los elementos).

4. "Y ha sido dicho en otro lugar: Este cuerpo, producido del matrimonio y dotado de crecimiento en la oscuridad, surgió del pasaje urinario, fue construido con huesos, ensuciado con carne, techado con piel, relleno con basura, orina, bilis, lodo, médula, grasa, aceite, y muchas otras impurezas, como un tesoro lleno de tesoros.

5. "Y ha sido dicho en otro lugar: el aturdimiento, el miedo, el dolor, el sueño, la pereza, la indolencia, la decadencia, la tristeza, el hambre, la sed, la tacañería, la ira, la infidelidad, la ignorancia, la envidia, la crueldad, la locura, la desvergüenza, la maldad, el orgullo, la volubilidad, éstos son los resultados de la cualidad de la oscuridad.

"La sed interior, el apego, la pasión, la codicia, la aspereza, el amor, el odio, el engaño, la envidia, la inquietud, la inconstancia, la inestabilidad, la rivalidad, la avaricia, la protección de amigos, el orgullo familiar, la aversión a los objetos desagradables, la devoción a los objetos agradables, el cuchicheo, la prodigalidad, éstos son los resultados de la cualidad de la pasión (ragas).

"Él es llenado por estos resultados, y por ellos es subyugado, y así este Ser elemental asume múltiples formas, ¡sí, múltiples formas!"

CUARTO PRAPATHAKA

1. Los Valakhilyas, cuyas pasiones estaban subyugadas, se acercaron a él llenos de sorpresa y le dijeron: "Oh Santo, nos postramos ante ti, enséñanos, porque tú eres el camino, y no hay ningún otro para nosotros. ¿Qué proceso existe para el Ser elemental por el cual, después de abandonar esta identidad con el cuerpo elemental, obtiene la unión con el verdadero Ser?" Pragapati Kratu les dijo:

2. "Ha sido dicho en otro lugar: Como las olas en los grandes ríos, eso que ha sido hecho antes no puede borrarse y, como la marea del mar, el acercamiento de la muerte es difícil de contener: Atado por los frutos del bien y del mal, como un lisiado; sin libertad, como un hom-

bre en la prisión; acosado por muchos miedos como un ser que se encuentra ante Yama (el juez de los muertos); intoxicado por el vino de la ilusión, como un ser intoxicado por el vino; corriendo de un lado para otro, como un ser poseído por un espíritu maligno; mordido por el mundo, como un ser mordido por una gran serpiente; oscurecido por la pasión como la noche; ilusorio como la magia; falso como un sueño; débil como el interior del Kadali; cambiando su vestido en un momento, como un actor; de admirable apariencia, como una pared pintada, así le consideran; y por lo tanto se dice:

"El sonido, el tacto y otras cosas son como nada; si el Ser elemental está apegado a ellas, no recordará el Lugar Supremo.

3. "En verdad éste es el remedio para el Ser elemental: Adquirir el conocimiento del Veda, cumplir con su deber, y por lo tanto conformidad por parte de cada hombre con la orden a la que pertenezca. Esta es en verdad la regla para el propio deber, otras acciones son como las meras ramas de un tallo. A través de ello un ser alcanza la morada Suprema y de otra, manera se cae hacia el abismo. Así es declarado el propio deber, que puede ser hallado en los Vedas. Verdaderamente nadie pertenece a una orden (asrama) si infringe su propia ley. Y si la gente dice que un hombre no pertenece a ninguna de las órdenes, y que él es un ascético, esto es falso, aunque, por otro lado, nadie que no sea un ascético alcanza la perfección con sus sacrificios ni obtiene el Conocimiento del Ser Supremo. Por eso se ha dicho:

"Por las penitencias ascéticas se obtiene la bondad, con la bondad se obtiene la comprensión y por la comprensión se llega al Ser, y aquel que ha obtenido eso, no vuelve.

4. "'Brahma es', así dijo alguien que conoció la ciencia de Brahma; 'y esta penitencia es la puerta hacia Brahma', así dijo alguien que por la penitencia desechó todos los pecados. 'La sílaba Om es la grandeza manifiesta de Brahma', así dijo alguien que bien cimentado (en Brahma) siempre medita en él. Así pues, por el conocimiento, por la penitencia y por la meditación se obtiene Brahma.

"Así se llega más allá de Brahma (Hiranyagarbha) y a una divinidad superior a la de los dioses; más aún, aquel que conoce esto, y adora a Brahma por estos tres medios (por el conocimiento, la penitencia y la meditación), obtiene la dicha imperecedera, infinita e inmutable. Entonces, liberado de todas esas cosas (los sentidos del cuerpo, etcétera), por las cuales él estaba lleno y subyugado, no siendo más que un simple cochero, obtiene la unión con el Ser."

5. Los Valakhilyas dijeron: "Oh Santo, tú eres el maestro, tú eres el maestro. Lo que has dicho ha quedado bien guardado en nuestra mente. Ahora respóndenos una pregunta más: Agni, Vayu, Aditya, el tiempo (Kala) que es Respiración (prana), la comida (anna), Brahma, Rudra, Vishnú, de todos ellos unos meditan en uno y otros en otro. Dinos cuál de éstos es el mejor para nosotros".

Él les respondió:

6. "Estos no son nada más que las principales manifestaciones del Brahma Supremo, inmortal, incorpóreo. Aquel que es devoto de uno de ellos, se regocija aquí en su mundo." Así habló aquél. En verdad Brahma es todo esto, y un hombre puede meditar, adorar o también rechazar a aquéllas que son sus principales manifestaciones. Con éstas (deidades) continúa a mundos más y más superiores, y cuando todas las cosas perecen, él se une con el purusha, sí, con el purusha.

QUINTO PRAPATHAKA

1. Lo siguiente es el himno de alabanza a Kutsayana: "Tú eres Brahma, y tú eres Vishnu, tú eres Rudra, tú eres Pragapati, tú eres Agni, Varuna, Vayu, tú eres Indra, tú eres la Luna.

"Tú eres Anna (la comida o el que la come), tú eres Yama, tú eres la Tierra, tú eres todo, tú eres el imperecedero. En ti todas las cosas existen en muchas formas, ya sea para sus fines naturales o para sus propios fines (más elevados).

¡Señor del Universo, gloria a ti! Tú eres el Ser de todos, tú eres el hacedor de todos, el que disfruta en todos los seres; tú eres toda la vida y el señor de todo placer y alegría. Gloria a ti, el tranquilo, el que se esconde profundamente, el incomprensible, el inconmensurable, sin principio y sin fin.

2. "En el principio sólo existía la oscuridad (Tamas). Estaba en lo Supremo y, movida por lo Supremo, se vuelve desigual. Así se vuelve oscuridad (ragas). Entonces esta oscuridad, siendo movida, se vuelve desigual. Así se vuelve bondad (sattva). Entonces esta bondad, siendo movida, hace fluir la esencia. Esto es esa parte (o estado de Ser) que es completamente inteligente, reflejada en el hombre (como el sol

está en diferentes vasijas de agua) conociendo el cuerpo (kshetragña), confirmado por su imaginación, deseando y creyendo que es Pragapati, llamado Visva. Sus manifestaciones han sido declaradas anteriormente. Ahora bien, esa parte de él que pertenece a la oscuridad, ése, oh estudiantes, es aquel llamado Rudra. Esa parte de él que pertenece a la oscuridad, ése, oh estudiantes es aquel llamado Brahma. Esa parte de él que pertenece a la bondad, ése, oh estudiantes, es aquel llamado Vishnu. Él, siendo uno, se convierte en tres, se convierte en ocho, en once, en doce, se vuelve infinito. Ya que eso llegó a ser, él es el Ser, va de un lado para otro, y habiendo entrado en todos los seres, se ha convertido en el Señor de todos los seres. Él es el Ser dentro y fuera, sí, dentro y fuera.

SEXTO PRAPATHAKA

1. "Aquel (el Ser) sostiene al Ser de dos formas, como el que es Prana (aliento) y como el que es Aditya (el sol). Y es así que hay dos caminos para él, dentro y fuera, y ambos vuelven en un día y una noche. El sol es el Ser exterior, el Ser interior es el Aliento. De aquí que el movimiento del Ser interior es inferido del movimiento del Ser exterior. Por eso se ha dicho:

"'Aquel que conoce, y se ha desprendido de todo lo malo, el supervisor de los sentidos, el puro de mente, firmemente arraigado (en el Ser) y mirando fuera (de todos los objetos terrenos) ¡él es el mismo! Del mismo modo el movimiento del Ser exterior es inferido del movimiento del Ser interior. 'Por eso se ha dicho:

"'Aquel que dentro del sol es la persona dorada, que mira sobre esta tierra desde su sitio dorado, él es el mismo que, después de entrar al loto interno del corazón, se come el alimento (percibe objetos sensuales, etcétera). Y el que, habiendo entrado al loto interior del corazón, devora el alimento él mismo e igual, habiendo ido al cielo como el fuego del Sol, llamado tiempo, siendo invisible, devora a todos los seres como a su comida'."

"¿Qué es ese loto y de qué está hecho?" (los Valakhilyas preguntan).

"Ese loto es el mismo que el éter; los cuatro cuartos y los cuatro puntos intermedios son sus hojas.

"Estos dos, el Aliento y el Sol, se mueven uno cerca del otro (en el corazón y en el éter). Permítele adorar a estos dos con la sílaba Om, con las palabras Vyahriti y con el himno Savitri.

3. "Hay dos formas de Brahma, la material (efecto) y la inmaterial (causa). La material es falsa, la inmaterial es verdadera. Aquella que es verdadera es Brahma, aquella que es Brahma es luz, y esa que es luz es el Sol. Y este Sol se convirtió en el Ser de ese Om.

"Él se dividió asimismo en tres partes, pues el Om consiste en tres letras, a +u +m. A través de ellas todo esto se contiene en él como el hilo de una tela. Por eso se dice: 'Medita en ese Sol como el Om, únete a tu Ser (el aliento) con él'.

4. "Y de esta forma se ha dicho en otro lugar: 'El Udgitha (del Samaveda) es el Pravana (del Rig-veda), y el Pravana es el Udgitha, y por eso el Sol es Udgitha, y él es Pravana o Om'. Por eso se ha dicho:

"'El Udgitha, llamado Pranava, el jefe (en el cumplimiento de los sacrificios), el brillo, el insomne libre de la vejez y de la muerte, de tres pies, consiste en tres letras (a +u +m), e igualmente es conocido como de cinco partes (cinco pranas) situado en la caverna.' Y también se ha dicho:

"'El Brahma de tres pies tiene su raíz hacia arriba; las ramas son el éter, el viento, el fuego, el agua, la tierra, etcétera. Este Asvattha de nombre el mundo, es Brahma, la luz de él es la que llamamos el Sol, y también es la luz de esa sílaba Om Así pues, que él siempre adore eso (el aliento y el sol, como manifestaciones de Brahma) con la sílaba Om.'

"El es quien nos ilumina. Por eso se ha dicho: 'Esta solamente es la sílaba pura, ésta solamente es la sílaba Suprema; aquel que conoce esa sílaba consigue todo lo que desea'.

5. "Y se ha dicho en otro lugar: 'Este Om es su cuerpo dotado de sonido (Pranadityatman). Este es su cuerpo dotado de género, masculino, femenino, neutro. Este es su cuerpo dotado de luz, Agni, Vayu, Aditya. Este es su cuerpo dotado del Señor, Brahma, Rudra, Vishnu. Este es su cuerpo dotado de boca, Harhapatya, Dakshinagni, Ahavaniya. Este es su cuerpo dotado de conocimiento, Rik, Yagus, Samanvedas. Este es su cuerpo dotado de mundo, Bhub, Bhuvah, Svar. Este es su cuerpo dotado de tiempo, Pasado, Presente, Futuro.

Este es su cuerpo dotado de calor, Aliento, Fuego, Sol. Este es su cuerpo dotado de crecimiento, Comida, Agua, Luna. Este es su cuerpo dotado de pensamiento, intelecto, mente, personalidad. Este es su cuerpo dotado de aliento, Prana, Apana, Vyana. Por lo tanto por la sílaba anteriormente mencionada, Om, todos estos cuerpos aquí enumerados son alabados e identificados (con el Pranadityatman). Por eso se ha dicho: 'Oh Satyakama, la sílaba Om es el Brahma superior e inferior'.

6. "Este (mundo) fue inexpresado. Entonces Pragapati, habiendo meditado, lo expresó en las palabras Bhuh, Bhuvah, Svar. Este es el cuerpo más grosero de ese Pragapati, consistente en los tres mundos. De ese cuerpo, Svar es la cabeza, Bhuvah el ombligo, Bhuh los pies, el sol el ojo. Ciertamente en el ojo está fijada la gran medida del hombre, porque con el ojo él forma todas las medidas. El ojo es la verdad (Satyam), pues la persona (purusha) que mora en el ojo es anterior a todas las cosas (conoce todos los objetos con certeza). Por lo tanto que el hombre adore con los Vyahritis, Bhuh, Bhuvah, Svar, y por eso Pragapati, el Ser de Todo, es adorado como (Sol, el) Ojo de Todo. Y así se ha dicho:

"'Este (el Sol) es el cuerpo que mantiene a Pragapati, pues en él todo está oculto (por la luz del sol); y en este todo (la luz) está oculta. Y es por eso que éste es adorado.'

7. "(El Savitri empieza): Tat savitur vaṣenyam, es decir: 'Este de Savitri, para ser elegido'. Aquí el Aditya (el Sol) es Savitri, y lo mismo es para ser elegido por el amor (amante) del Ser, así dicen los maestros de Brahma (luego sigue el siguiente pie en el Savitri): Bhargo devasya dhimani, 'el esplendor del dios en el que meditamos'. Agni, el dios, es Savitri, y por lo tanto el que es llamado esplendor, en él yo meditó así dicen los maestros de Brahma.

"(Luego sigue el último pie): 'Dhiyo yo nah prakodayat', que debería extraer nuestros pensamientos. Aquí el dhiyah son pensamientos, y él extraería éstos para nosotros, así dicen los maestros de Brahma.

"(Él explica ahora la palabra bhargas). Ahora él, que es llamado bahrgas, es quien se coloca a lo lejos de Aditya (sol), o él, que es la pupila en el ojo. Y él es llamado así porque su fluir (gati) es a través de rayos (bhabhih); o porque él seca (bhargayati) y hace al mundo marchitarse. Rudra es llamado Bhargas, así lo dicen los maestros de Brahma. Bha significa que él enciende estos mundos; ra, que él deleita a estos seres, ga, que estas criaturas van a él y vienen de él; por lo tanto un Bha-ra-ga, es llamado Bhargas.

"Surya (sol) es llamado así porque Soma continuamente está exprimido (Su). Savitri (sol) es llamado así porque él trae la fuerza (Su). Aditya (sol) es así llamado porque levanta (ada, vapor o la vida del

vana es llamado así porque purifica (pu). Apas, agna, así que nutre (pya).

ho:

uridad el Ser (absorbido en Prana, aliento), que se llama inmortal, es el pensador, el perceptor, el que se mueve, el que evacúa, el que se deleita, el hacedor, el hablador, el que gusta, el que huele, el que ve, el que oye y toca. El es Vibhu (el impregnador), que ha entrado en el cuerpo. Y se ha dicho:

"'Cuando el Conocimiento es de dos partes (subjetivo y objetivo), entonces él oye, ve, huele, gusta y toca, pues es el Ser que sabe todo.'

"Pero cuando el conocimiento no es de dos partes (solamente subjetivo), sin efecto, causa y acción, sin nombre, sin comparación, sin predicado, ¿qué es eso? No se puede decir.

8. "Y el mismo Ser es también llamado Isana (Señor), Sambhu, Bhava Rudra (tamasa); Pragapati (Señor de las criaturas), Visvasrig (creador de todo), Hiranyagarbha, Satyam (verdad), Prana (aliento), Hamsa (ragasa); Sastri (gobernador), Vishnu Narayana (Sattvika); Arka, Savitri Dhatri (mantenedor), Vidhatri (creador), Samrag (rey), Indra, Indu (luna). Él es también quien calienta, el sol, oculto por el huevo dorado de los Mil ojos, como un fuego por el otro. Él es para ser pensado, él es para ser buscado. Habiéndose despedido de todos los seres vivos, habiéndose ido al bosque y habiendo renunciado a todos los objetos sensoriales, que el hombre perciba el Ser desde su propio cuerpo.

"(Contémplale) a quien asume todas las formas, el dorado, que conoce todas las cosas, que asciende a lo más alto, solo en su esplendor y nos calienta; el de los mil rayos, que habita en mil lugares, el espíritu de todas las criaturas, el Sol, sale.

9. "Así pues, el que conociendo esto se ha convertido en el Ser de ambos, Aliento y Sol, medita en su Ser y obtiene la paz mental. Este es el estado perfecto —cuando la mente se halla totalmente absorbida por el Santo Aliento— ensalzado por los sabios.

"Entonces se cumplen los versos Ukkhishtopahatam, que dicen: 'Sea alimento impuro o alimento donado por un pecador, sea alimento de una persona muerta o de alguien impuro de nacimiento, por el poder purificador de Vasu, Agni y los rayos de Savitri lavarán todos mis pecado?.

"Primero (antes de comer) aquél rodea (el alimento de la ofrenda) con agua (enjuagándose la boca). Luego diciendo: 'Svaha' al aliento

Prana, 'Svaha' al aliento Apana, 'Svaha' al aliento Vyana, 'Svaha' a Samana, 'Svaha' al aliento Udana, ofrece el alimento con cinco invocaciones (en el fuego de la boca). Lo que queda lo come en silencio y luego rodea (el alimento) una vez más con agua (enjuagándose la boca después de la comida). Habiéndose lavado, debe, después de entregarse a sí mismo, meditar en su Ser con estos dos versos, 'Prano 'gnih' y 'Visvo 'si', diciendo: 'Que el Ser Supremo como aliento, como fuego (calor digestivo), como los cinco aires vitales, habiendo penetrado en el cuerpo, hablando su propia satisfacción, satisfaga a todos'.

"Tú eres Visva (todo), tú eres Vaisvanara (fuego), todo lo nacido es sostenido por ti; que todas las ofrendas entren en ti; las criaturas viven, pues tú concediste la inmortalidad para todos.' Aquel que come de acuerdo a esta regla, no se vuelve a su vez alimento de otros.

10. "Hay algo más por conocer. Existe una modificación posterior de esta entrega del Ser (la comida), a saber, el alimento y el comensal de él. Esta es la explicación. La persona pensante (Purusha), mientras habita dentro de la naturaleza a) es el que alimenta al alimento provisto por la naturaleza (Prakriti).

"El Ser elemental es verdaderamente su alimento, siendo su hacedor Pradhana (la naturaleza). Por consiguiente lo que está compuesto de las tres cualidades (gunas) es el alimento, pero es la esencia que está en el interior del alimento lo que tiene el poder de alimentar. Nuestros sentidos evidencian esto último. Pues los animales surgen de la semilla, y puesto que la semilla es el alimento, está claro que la esencia del alimento es Pradhana (la semilla o causa de todo). Por esto, como ya ha sido dicho, la Purusha (persona) es el comensal y Pralkriti, la comida; el cual habitando en el interior de los alimentos, les transmite su esencia. Todo lo que comienza con el Mahat (poder del intelecto) y termina con los Viseshas (elementos), que han surgido de la distinción de la naturaleza en sus tres cualidades, es la señal (de que debe hacer una Purusha, un sujeto inteligente). Y de esta manera el camino con sus catorce pasos ha sido explicado (esto está explicado en el verso siguiente):[110] 'Este mundo es ciertamente el alimento, llamado placer, dolor y error (el resultado de las tres cualidades); y en los tres estados existe también el carácter del alimento, como infancia, juventud y vejez; pues, al ser éstos desarrollados, hay por tanto en ellas el carácter del alimento'.

"Y de la manera siguiente tiene lugar la percepción de Pradhama (naturaleza), después de haberse manifestado: El intelecto y el resto, es decir, la determinación, la conciencia y la concepción están para gustar los efectos del Pradhana. Luego están los cinco órganos perceptivos hechos para gustar los cinco órganos de los sentidos. Y así son todos los actos de los cinco órganos activos y los actos de los cinco Pranas o aires vitales (para gustar sus correspondientes objetos). Así, lo que es manifiesto de la naturaleza es el alimento, y lo que no es manifiesto es el alimento. El que lo disfruta carece de cualidades, pero porque tiene la cualidad de ser el disfrutador, se deduce que tiene inteligencia.

"Como Agni (el fuego) es el que come el alimento entre los dioses, y Soma es el alimento, así el que conoce esto come el alimento de Agni. Este Ser elemental llamado Soma (alimento) también es denominado Agni, porque es dicho: 'La Purusha (persona) disfruta de la naturaleza con sus tres cualidades, por la boca de la naturaleza no desarrollada. El que sabe esto es un asceta, un yogui, un practicante de la entrega del Ser. Y el que no toca los objetos de los sentidos cuando se introducen en él, igual que nadie tocaría a mujeres que se hallan en una casa abandonada, es un yogui, un practicante de la entrega del Ser.

11. "Esta es la forma más alta del Ser, el alimento, pues Prana (este cuerpo) subsiste por él. Si no come, no puede percibir, oír, tocar, ver, oler, gustar, y pierde los cinco aires vitales. Pues así ha sido dicho: 'Si come, al estar en posesión de los cinco aires vitales, puede percibir, oír, tocar, hablar, gustar, oler y ver'.

"Y así ha sido dicho:

" 'Del alimento nacen todas las criaturas que viven sobre la tierra; luego viven gracias a él, y al final, cuando mueren, *vuelven* a él.'

12. "Y así ha sido dicho en otra ocasión: Ciertamente todas esas criaturas corren día y noche anhelando conseguir alimento. El Sol toma alimento con sus rayos y gracias a él da calor. Esos aires vitales digieren, cuando son rociados de alimento. El fuego prende por alimento, y todo fue creado por estar Brahma (Pragapati) deseoso de alimento. Así pues, el hombre debe adorar al alimento como a su Ser. Pues ha sido dicho: 'Del alimento nacen todas las criaturas y mediante él crecen'.

13. "Y así fue dicho en otra ocasión: Este alimento es el cuerpo del bendito Vishnu, llamado Visvabhrit (mantenedor). El aliento es la esen-

cia del alimento. Aquel que esto conoce posee el alimento, el aliento, el conocimiento y la dicha.

14. "Y así ha sido dicho en algún lugar: 'El alimento es la causa de todo, es digno de ser adorado, es el más antiguo, y el único médico'. También fue dicho: 'El tiempo es la causa del alimento y el sol la causa del tiempo'. La forma visible del tiempo es el año, consistente en doce meses, hecho de Nimeshas (centelleos de luz) y de otras medidas. Una mitad del año (cuando el sol se mueve en dirección Norte) pertenece a Agni, la otra a Varuna (cuando es dirección Sur). La parte que pertenece a Agni comienza con el asterismo de Magha y concluye con la mitad del asterismo de Sravishtha, avanzando el sol hacia el Norte. La que pertenece a Varuna comienza con el asterismo de Aslesha sagrado para las Serpientes y termina con la mitad del asterismo de Sravishtha, avanzando el sol hacia el Sur. Y luego están los meses, uno por uno, de que consta cada año, cada uno consistiendo en nueve cuartos de asterismos, determinado cada uno de ellos por el sol moviéndose a su mismo ritmo. Al ser el tiempo imperceptible a los sentidos, todo esto (el progreso del sol, etcétera) es su evidencia y la única prueba de su existencia. Sin prueba no hay conocimiento de lo que tiene que ser probado; e incluso lo que tiene que ser probado puede volverse la prueba, para de este modo darse a conocer. Y así ha sido dicho:

"'Del tiempo todos los seres emergen, del tiempo crecen y en el tiempo obtienen su descanso; el tiempo es visible (sol) e invisible (momentos).'

15. "Existen dos formas de Brahma, el tiempo el no-tiempo. Aquello que estaba antes de la existencia del sol es el no-tiempo y carece de partes. Aquello que tuvo su origen en el sol es el tiempo y tiene partes. De aquello que tiene partes el año es la forma, y del año nacen todas las criaturas; cuando son producidas por él crecen y de nuevo van a descansar en el año. En consecuencia el año es Pragapati,[111] es tiempo, es alimento, es el nido de Brahma y el Ser. Así ha sido dicho:

" 'El tiempo cosecha y disuelve todos los seres en el gran Ser, pero aquel que conoce aquello en lo cual el tiempo se disuelve, es el conocedor del Veda.'

16. "Este tiempo manifiesto es el gran océano de las criaturas. Aquel que es denominado Savitri' (el sol como engendrador) vive en él; de él

son engendrados la luna, las estrellas, los planetas, el año y todo lo demás. De él surge de nuevo todo, y así todo lo que en el mundo existe de bueno o malo en él tiene su origen. Por esto Brahma es el Ser del sol, y el hombre debe adorar al sol bajo el nombre del tiempo. Algunos dicen que el sol es Brahma, y así ha sido dicho:

"'El sacrificante, la deidad que disfruta del sacrificio, la oblación, el himno, el sacrificio, Vishnu, Pragapati, todo esto es el Señor, el testigo, que resplandece en una esfera del más allá.'

17. "En el principio Brahma era todo esto. Él era uno e infinito, infinito en el Este, infinito en el Sur, infinito en el Oeste e infinito en el Norte, arriba y abajo y en todas partes infinito. El este y las otras regiones no existen para él, ni tampoco arriba ni abajo ni a través. El Ser Supremo no puede ser fijado. Es ilimitado, innato, inconcebible e imposible de ser razonado. Él está como el éter, en todas partes, y ante la destrucción del universo sólo él permanece despierto. Así de ese éter él despierta todo este mundo, que consiste en pensamiento; todo esto es meditado sólo por él y en él todo se disuelve. Él es esa forma luminosa que brilla en el sol, y las luces múltiples en el fuego sin humo, y el calor que en el estómago digiere el alimento. Así ha sido dicho:

"'Aquel que está en el fuego, en el corazón y en el sol es uno e idéntico.'

"El que esto conoce se vuelve uno con el Uno.

18. "Esta es la regla para alcanzarlo (la concentración de la mente en el objeto de la meditación): control del aliento, control de los sentidos, meditación, atención fija, investigación y absorción. Esto es llamado el séxtuple Yoga. Cuando aquél contempla a través de este Yoga, contempla al Hacedor de dorado resplandor, al Señor, Brahma, la causa; entonces el sabio, dejando atrás el bien y el mal, hace que todo (el aliento, los órganos de los sentidos, el cuerpo, etcétera) sean uno en el Supremo Indestructible (Brahma). Y así ha sido dicho:

"'Al igual que los pájaros o el ciervo no se aproximan a una montaña en llamas, así los pecados nunca se acercan a aquellos que conocen a Brahma.'

19. "Y así ha sido dicho en otro lugar: 'Aquel que ha controlado su mente y colocado los objetos en los sentidos lejos de sí debe permanecer sin ningún concepto'. Y puesto que la persona viviente llamada Prana (aliento) ha sido producida aquí, en la tierra de aquello que no es

Prana (el Ser pensante), así debe este Prana sumergirse en el Prana mismo. Y así ha sido dicho:

"Lo que está libre de pensamiento, aun estando situado en el centro del pensamiento, lo que no puede ser pensado, el escondido, el supremo: en él debe el hombre fundir su pensamiento; entonces este sirviente estará libre de apegos.'

20. "Y así ha sido dicho en otro lugar: 'Existe una concentración suprema (dharaná); si el meditador presiona la punta de la lengua hacia abajo del paladar y controla la voz, la mente y el aliento, ve a Brahma. Y después de este vacío mental ve a su propio Ser más pequeño que lo más pequeño y tan deslumbrante como el Ser Supremo; entonces habiendo visto su Ser como el Ser, se vuelve sin Ser y al carecer de Ser, carece asimismo de límites y de causas'. Este es el misterio supremo, la liberación final y así ha sido dicho:

"'Con la serenidad del pensamiento mata todas las acciones, buenas o malas; su Ser sereno, habitado en el Ser, obtiene la dicha imperecedera.'

21. "Y también ha sido dicho en algún lugar: 'La arteria, llamada Sushumna, en dirección ascendente (desde el corazón al Brahmarandhra) sirve de pasaje o canal al Prana y está dividida dentro del paladar. A través de ella, cuando ha sido unida por el aliento, por la sagrada sílaba Om y por la mente (absorbida en la contemplación de Brahma) debe el meditador dirigir su concentración hacia arriba y después de haber girado la punta de la lengua hacia el paladar, sin haber usado ninguno de los órganos de los sentidos, debe dejar que la grandeza perciba la grandeza. De allí aquél va a la carencia del ser; y al carecer de ser cesa de disfrutar del dolor y el placer y obtiene la unidad, la entrega final'. Y así ha sido dicho:

"'Habiendo fijado con éxito el aliento, después de haber sido refrenado en el paladar, y después de haber cruzado el límite, únase al ilimitado (Brahma) en la corona de la cabeza.'

22. "Dos objetos de meditación deben ser alcanzados, la palabra y la no-palabra. Mediante la palabra la no-palabra es revelada. Ahora bien, existe la palabra Om. Yendo con ella hacia arriba, hacia donde toda palabra y todo su significado cesa, el meditador llega a la absorción en la no-palabra (Brahma). Este es el camino inmortal, ésta es la unión y ésta es la dicha. Y al igual que la araña, también aquel que medita moviéndose hacia arriba por la sílaba Om, alcanza la independencia.

"Otros maestros de la palabra (en tanto que Brahma) piensan de otro modo. Ellos escuchan el sonido del éter dentro de su corazón mientras cierran sus oídos con los pulgares. Lo comparan a los siete ruidos: como ríos, como una campana, como una vasija de bronce, como las ruedas de un carruaje, como el croar de las ranas, como la lluvia como si un hombre hablara en una caverna. Habiendo pasado más allá de este variado sonido, y habiéndose asentado en la suprema e insonora no-palabra, el Brahma inmanifiesto, se vuelven indistinguibles, igual que los diferentes sabores de las flores se pierden, al gustar la miel, y así ha sido dicho:

"'Dos objetos de meditación deben ser conocidos, la palabra Brahma y el Brahma supremo; aquel que es perfecto en la palabra Brahma alcanza el Brahma supremo.'

23. Y así ha sido dicho en otro lugar: 'La sílaba Om es lo que se llama la palabra'. Y su final es el silencioso, el insonoro, el que carece de miedo y sufrimiento, el dichoso, el satisfecho, el firme, el inmortal y el inamovible, que alguien denomina Vishnu. Y así ha sido dicho:

"'Aquel que es el más alto y el dios supremo cuyo nombre es Omkara, se halla más allá de toda distinción: así pues debe el hombre meditar en él en la corona de su cabeza.'

24. "Y así ha sido dicho en otro lugar: 'El cuerpo es el arco, la sílaba Om la flecha, y su diana la mente'. Habiendo atravesado la oscuridad, que consiste en ignorancia, se acerca a lo que no está cubierto por ella. Así, habiendo atravesado el alma personal, vio a Brahma brillando como una rueda de fuego, y resplandeciente como el Sol. Y habiéndole visto, obtiene la inmortalidad. De esta forma las obras de la mente son disueltas; entonces se alcanza esa dicha que no requiere testigo alguno, que es Brahma (Atman), el inmortal, resplandeciente: ése es el camino, el verdadero mundo.

25. "Y así ha sido dicho en otro lugar: 'Aquel que tiene sus sentidos ocultos como en el sueño, y quien en la caverna de sus sentidos (es decir su cuerpo), los ve con su intelecto más puro como en un sueño, a él se le llama Pranava, el guía, el brillante, el despierto, libre de la vejez, de la muerte y del sufrimiento'. Y así ha sido dicho:

"Porque de esta manera él se une al Prana (aliento), al Om, y a este Universo en sus múltiples formas, o porque ellos se unen con él, por esto este proceso de meditación es llamado Yoga (unión).

"La unidad del aliento, mente y sentidos y luego la entrega de todos los conceptos es llamado Yoga.'

26. "Y así ha sido dicho en otro lugar: 'Igual que el pescador que, retirando la red que ha echado en el agua, ofrece los peces que ha atrapado (en sacrificio) en el fuego de su estómago, así son estos pranas (aires vitales), después de haber sido retirados con la sílaba Om y ofrecidos en el fuego inmaculado (Brahma).

"Y al igual que el fuego que existe invisible en un recipiente caliente se toma visible cuando el recipiente es tocado con un palo impregnado de mantequilla, así el Atman en el cuerpo del meditador aparece tan sólo cuando los Pranas (los alientos vitales) son infundidos en él. Y eso que surge es la forma manifestada de Brahma, ése es el lugar más alto de Vishnu, la esencia de Rudra. Y éste, dividiendo su Ser en caminos sin fin, llena todos los mundos.'

27. "Y así ha sido dicho en otro lugar: 'Este es el calor del supremo, el inmortal, el incorpóreo Brahma, el calor del cuerpo'. Y este cuerpo es la mantequilla purificada derramada en él, por la que el calor de Brahma, que de otra forma sería invisible, se enciende. Entonces, ya manifiesto, es colocado en el éter del corazón. Así pues, el meditador se identifica con esa luz rápidamente al igual que una bola de hierro que, colocada sobre la tierra, pronto se vuelve tierra, y cuando ya se ha convertido en un pedazo de tierra, el fuego y los herreros no tienen nada que ver ya con la antigua bola de hierro. Y así ha sido dicho:

"'El templo etéreo del corazón, el refugio glorioso y supremo, ésa es nuestra meta.'

28. "Y así ha sido dicho en otro lugar: 'Dejando el cuerpo, los órganos de los sentidos y sus objetos (como algo que ya no nos pertenece), y asiendo el arco cuyo palo es la fortaleza y cuya cuerda es el ascetismo, derribando con su flecha, que consiste en la liberación del egoísmo, al primer guardián de la puerta de Brahma, cruza por medio del bote de Om al otro lado del éter dentro del corazón, y cuando el éter se revela como Brahma, él penetra lentamente, como un minero buscando minerales en una mina, en el palacio de Brahma. Después de esto debe el meditador, por medio de las enseñanzas de su maestro, cruzar a través del santuario de Brahma, que consisten en cuatro velos (alimento, aliento, mente y conocimiento) hasta que alcance el último santuario, el de la dicha y la identificación con Brahma'. De ahí en

adelante, puro, tranquilo, infinito, eterno e independiente, se establece en su propia. grandeza, y así ha sido dicho:

"'Si un hombre practica el Yoga durante seis meses y está profundamente liberado del mundo externo, logra entonces el Yoga (unión), el cual es infinito y oculto.

"'Pero si un hombre, aun estando en el estado de iluminación, se halla todavía atravesado por las aguas de la pasión y la oscuridad y apegado a sus hijos, esposa, o casa, nunca alcanzará la unión perfecta.'"

29. Después de que hubo hablado así (a Brihadratha), Sakayanya absorto en meditación, se inclinó ante él, y dijo: "Oh rey, por medio del conocimiento de Brahma los hijos de Pragapati (los Valakhilyas) fueron a la senda de Brahma. A través de la práctica del Yoga el hombre obtiene el contento y el poder de soportar el bien y el mal con tranquilidad. Que ningún hombre predique esta sagrada doctrina a nadie que no sea su hijo o alumno y que no tenga una mente serena. Sólo será comunicada a aquel que sea devoto de su maestro y posea todas las cualidades necesarias.

30. "¡Om! Sentándose en un lugar puro y manteniendo su ser en estado de pureza, debe el meditador afirmarse en la bondad y estudiar, hablar y entregarse a la verdad. Obrando así se convierte en otro hombre; obteniendo la recompensa de Brahma sus grilletes son cortados; él no conoce la esperanza ni el miedo de los demás, y está libre de deseos; alcanzando la infinita e imperecedera felicidad, se erige bendito en el verdadero Brahma quien anhela alcanzar hombre verdadero. La libertad de los deseos es el mejor regalo del mejor tesoro (Brahma) Pues un hombre lleno de deseos, poseído de voluntad, imaginación y creencias, es un esclavo. Algunos dicen que esto último es debido a la acción de las Gunas, que a través de las diferencias de la naturaleza adquiridas en estados previos de existencia se aten a la voluntad y así el hombre ve y oye a través de la mente, y todo lo que llamamos deseo, imaginación, duda, creencia, descreencia, certeza, incertidumbre, lástima, pensamiento y miedo no son más que manifestaciones de la mente (manas). Llevado y arrastrado por las olas de las cualidades, oscuro en sus imaginaciones, inestable, lleno de deseos, vacilante, y creyendo: 'yo soy él, esto es mío', ata su Ser a su Ser, como un pájaro a una red. Así pues, un hombre, poseído de voluntad, imaginación y creencia es un esclavo, pero aquel que es lo opuesto es libre. Por esta razón debe el hombre per-

manecer libre de estas tres cualidades, deseo, imaginación y creencia: éste es el signo de la libertad, éste es el camino que conduce a Brahma; así se abre la puerta y a través de ella irá a la otra orilla de la oscuridad. Todos los deseos están allá saciados. Y acerca de esto se cita este verso:

"'Cuando los cinco instrumentos de conocimiento se hallan silenciados al unísono con la mente, y cuando el intelecto no se mueve, es lo que se llama el estado supremo.'"

Diciendo esto Sakayanya se quedó absorto en meditación. Entonces Marut (el rey Brihadratha), inclinándose ante él partió pleno de contento hacia el Sendero del Norte. Este es el camino hacia Brahma. Abriéndose de par en par la puerta solar, se elevó y desapareció, y sobre esto hay esta cita:

"Existen rayos (arterias) sin fin para el Ser, quien, como una lámpara, reside en el corazón: blancas y negras, marrones y azules, y rojizas.

"Una de ellas (el Sushumna) se dirige hacia arriba atravesando la órbita solar: por ella, llegando más allá del mundo de Brahma, se alcanza el sendero supremo.

"Los otros cien rayos se elevan también hacia lo alto, y a través de ellos el meditador alcanza las mansiones pertenecientes a los diferentes cuerpos de los dioses.

"Pero a través de los rayos manifiestos de apagado color que se dirigen hacia abajo, el hombre viaja sin esperanza a disfrutar de los frutos de sus acciones en esta tierra."

Por esto se dice que el santo Aditya (sol) es la causa de los nuevos nacimientos, del cielo y de la libertad.

31. Alguien preguntó: "¿De qué naturaleza son los órganos de los sentidos que van hacia los objetos? ¿Quién los envía aquí y quién los hace regresar?"

Otro le contestó: "Su naturaleza es el Ser; el Ser los envía y los lleva de vuelta; también los Apsaras (los objetos seductores de los sentidos) y los rayos solares y otras deidades que gobiernan los sentidos".

Ahora bien, el Ser devora los objetos mediante los cinco rayos (los órganos de los sentidos); entonces ¿quién es el Ser?

El que ha sido definido por los términos puro, limpio, tranquilo, etcétera, y que debe ser percibido independientemente por sus propios signos peculiares. El signo del que carece de ellos es como el calor del fuego o como el gusto puro del agua; así dicen algunos. Es el habla, la visión, la mente y el aliento, dicen otros. Y otros añaden: Es el intelecto, la retención, la memoria y el conocimiento. Todos éstos son signos del Ser en el mismo sentido en el que aquí en la tierra los brotes son el símbolo de la semilla, o el humo, las chispas y la luz símbolos del fuego.

32. De este mismo Ser, salieron todos los Pranas, todos los mundos, todos los Vedas, todos los dioses y todos los seres; su Upanishad (revelación) es que él es "el verdadero de los verdaderos". Y al igual que cuando se enciende una madera verde se levantan nubes de humo (aun perteneciendo al mismo fuego), así de ese gran Ser ha sido respirado todo lo que se halla contenido en el Rig-veda, el Yagur-veda, el Sama-veda, los Atharvangirasas, el Itihasa (historias legendarias), los Puranas (relatos de la creación), el Vidya (doctrinas ceremoniales), los Upanishads, los Slokas (versos intercalados en los Upanishads, etcétera), los Sutras (tratados sobre la teología hindú), los Anuvyakhyanas (notas explicativas) y los Vyakhyanas (elucidaciones): todos ellos son suyos.

33. Este fuego (el fuego Garhapatya) con cinco estrellas, es el año. Sus cinco ladrillos son: la primavera, el verano, la estación de las lluvias, el otoño y el invierno.

Prana es también este fuego, y sus ladrillos son los cinco alientos vitales, Prana, Vyana, Apana, Samana y Udana.

Indra es también el fuego y sus ladrillos son los Rik, los Yagush, los Saman, los Atharvangirasas, los Itihasa y los Puranas.

34. Así fue dicho una vez:

1. "Al igual que el fuego sin combustible se aquieta en su lugar, así los pensamientos, al cesar toda actividad, se asientan en su lugar.

2. "Los pensamientos despuntan incluso en una mente que ama la verdad y que ha ido a descansar en sí misma, cuando es engañada por los objetos de los sentidos, lo cual son malos frutos obtenidos por algún nacimiento previo.

3. "Pues sólo los pensamientos causan el ciclo del renacer; el hombre debe luchar para purificar sus pensamientos. Lo que el hombre piensa, eso es: éste es el secreto milenario

4. "Mediante la serenidad de sus pensamientos un hombre anula todas sus acciones, bien sean malas o buenas. Viviendo dentro de su Ser con el pensamiento sereno se obtiene la felicidad imperecedera.

5. "Si los pensamientos de un hombre estuviesen fijos en Brahma

como lo están en las cosas de este mundo, ¿quién no estaría entonces libre de atadura?

6. "La mente, dicen, es de dos clases, pura o impura; impura por el contacto con la lujuria, pura cuando está libre de ella.

7. "Cuando un hombre, habiendo liberado su mente de la distracción y la vacilación, se vuelve como si estuviera libre de su mente, obtiene lo que se llama el estado supremo.

8. "La mente debe ser contenida en el corazón hasta que llegue a su fin; esto es el conocimiento, esto es la libertad: el resto son extensiones de las ataduras (que nos atan a la vida).

9. "La felicidad de una mente que mediante profunda meditación ha sido lavada y limpia de toda impureza y ha entrado dentro del Ser, no puede ser descrita con palabras; sólo puede ser sentida por el poder interno.

10. "El agua en el agua, el fuego en el fuego, el éter en el éter, nadie los puede distinguir; de igual modo un hombre que ha conquistado su mente de forma que no puede distinguirse con el Ser, alcanza la liberación.

11. "Sólo la mente es la causa de la atadura y la libertad del hombre; si aquélla se apega al mundo el hombre se esclaviza; mas si se libera de él, éste obtiene la libertad."

35. Y así fue dicho en otro lugar:

"La boca del verdadero está cubierta con un párpado dorado; ¡ábrelo! ¡oh Pushan! (sol) para que podamos ir hacia el verdadero que está en todo.

"Aquel que es la persona en el sol, ése soy yo. Y lo que es indicado por el ser verdadero es la esencia del sol, aquello que es brillante, personal y que carece de sexo; una porción tan sólo de la luz que existe en el éter, la cual existe, como existió en la mitad del sol, del ojo y del fuego: esto es Brahma, eso es inmortal, éste es el esplendor supremo.

"Una porción sólo de la luz que está en el éter, son los dos rayos que se elevan de la mitad del sol. Eso es el ser verdadero. Eso son los Yagus, eso es el calor, el fue o (Agni) y el viento (Vayu). Eso es el aliento, el agua y la luna, y eso es lo resplandeciente, lo inmortal y el lugar de Brahma; eso es el océano de luz. En ese océano los meditadores se disuelven como la sal, y eso es la unidad con Brahma, pues todos los deseos son saciados. Y aquí se cita:

"'Al igual que una lámpara movida por una brisa suave, aquel que vive con los dioses otorga la luz. Aquel que sabe esto conoce la diferencia entre el alto y el más alto Brahma; alcanzando la unidad, se identifica con él.'

"Aquellos que se elevan en número sin fin, como gotas del mar, como relámpagos de luz de las nubes en el cielo supremo, aquellos, entrando en la luz de la gloria (Brahma) se vuelven como las numerosas crestas de las llamas de una hoguera.

"Y así el glorificado Brahma, el gran Dios, ha entrado en todos los mundos. ¡Om! ¡Adoración a Brahma! ¡Adoración! "

SÉPTIMO PRAPATHAKA

1. Agni, los Gayatra (métrica), los Trivrit (himnos), los Rathantara (canciones), la primavera, el aliento ascendente (prana), los Nakshatras (estrellas), las deidades (Vasus): todos ellos despuntan en el Este, todos dan calor y agua, ensalzan al sol y de nuevo vuelven a él.

Él (el sol) es inconcebible, sin forma, profundo, sin tacha, sólida, sin límites, sin cualidades, puro y disfrutando del fuego de las tres cualidades, temible, sin causa, maestro de magos, omniscente, poderoso, inconmensurable, sin principio ni fin, dichoso, sabio, indescriptible, creador de todas las cosas, el ser de todas las cosas y el disfrutador de todas ellas, el gobernante de todo y el centro del centro de todo cuanto existe.

2. Indra, Trishtubh (métrica), los Pañkadasa (himnos), los Brihat (canciones), el verano, el aliento (Vyana), el Soma, los Rudras: todos salen en el Sur; todos ellos dan calor, lluvia y le ensalzan a él (el sol). Él carece de signos y de formas; su poder es infinito, es el creador, el hacedor de la luz.

3. Los Maruts, los Gagati (métrica), los Saptadasa (himnos), los Vairupa (canciones), la estación de las lluvias, el aliento descendente (apana), Sukra y los Adityas salen en el Oeste; todos ellos se ensalzan y dan calor y lluvia, volviendo de nuevo a él. Es es el tranquilo, sin sonido, sin miedo, sin sufrimiento, dichoso, satisfecho, firme, inamovible, inmortal, eterno, verdadero, la morada suprema, portador del nombre de Visnhu.

4. Los Visve Devas, los Anushtubh (métrica), los Ekavimsa (Himnos), los Vairaga (canciones), el otoño, el aliento acompasado (samana), Varuna, los Sadhyas surgen del Norte; todos ellos le ensalzan y dan calor y lluvia, volviendo de nuevo a él. Él (el sol) es puro, purificador, sin egoísmo, sin aliento y sin fin.

5. Mitra-Varunan, los Panki (métrica), las canciones, los Trinavatrayastrimsa (himnos), los Sakvara-raivata (canciones), las estaciones del rocío y de la nieve, el aliento hacia el exterior (udana), los Angiras y la Luna salen de lo alto; todos ellos le ensalzan y dan calor y lluvia y de nuevo vuelven a él, quien es llamado el Pranava (Om), el guía, que consiste en luz, sin sueño ni vejez, sin muerte ni sufrimiento.

6. Sani (Saturno), Rahu y Ketu, las serpientes, los Rakshas (demonios), los Yakashas, los hombres, los pájaros, los sarabhas, los elefantes, etcétera, salen de lo bajo; todos ellos le ensalzan, le dan su calor y vierten su lluvia y de nuevo vuelven a él, el sabio, el que mantiene las cosas en su lugar adecuado, el centro de todo, el imperecedero, el paciente.

7. Y él es verdaderamente el Ser, más pequeño que lo más pequeño, dentro del corazón, iluminado como el fuego, dotado de todas las formas. De él es todo este alimento, en él todas las criaturas son tejidas. Ese Ser es libre de pecado, libre de vejez, de muerte, de hambre y de sed, no imagina nada más que lo que debe imaginar, no desea nada más que lo que debe desear. Él es el señor supremo, el maestro supremo de todos los seres y el guardián de todos ellos. Él es el Señor, Sambhu, Bhava, Rudra, Pragapati, el creador de todo, Hiranyagarbha, el verdadero, el Sento, el cisne, el gobernante, el eterno, Vishnu, Narayana. Y aquel que vive en el fuego, en el corazón y en el sol es él mismo.

A ti que eres todo esto, dotado de todas las formas, asentado en el verdadero éter, sea dada toda adoración.

8. Seguidamente, oh Rey, vienen los impedimentos en el camino del conocimiento. Este es ciertamente el origen de la red del desconcierto, el que aquel que es merecedor del cielo viva con los que no lo merecen. Y así es. Aunque se les ha dicho que ante ellos está un ataúd, ellos se agarran a sus necedades cotidianas; y otros hay que están siempre alegres, siempre de un lado para otro, siempre mendigando o ganándose la vida con trabajos manuales; y otros que mendigan en las ciudades y hacen sacrificios para aquéllos a quienes está prohibido ofrecerlos.

Hay otros que son malignos y usan malas palabras: son bailarines, luchadores a precio, mendigos, viajeros, actores y otros que se han degradado en el servicio del Rey; hay otros que por dinero pretenden eliminar las influencias malignas de los fantasmas, duendes, demonios, serpientes, etcétera, y otros que falsamente llevan las vestiduras de color azafrán de los renunciantes y que pretenden persuadir mediante falsos argumentos o meras comparaciones o paralelismos a los creyentes de los Vedas.[112] Con ninguno de ellos se debería vivir. Pues todos son claramente ladrones y no merecen el cielo. Y así ha sido dicho:

"El mundo inestable por la negación del Ser Supremo, confundido por las falsas comparaciones y argumentos, no sabe cuál es la diferencia entre el Veda y la filosofía."

9. Brihaspati, convirtiéndose en Sukra, trajo el falso conocimiento para salvar a Indra y destruir a los Asuras (demonios). Mediante éste nos demuestran que el bien es el mal, y viceversa. Nos dicen que debemos ponderar la nueva ley, la cual deniega a los Vedas y demás libros sagrados. Así, pues, nadie debe prestar atención a este conocimiento equívoco: está errado y es estéril. Su recompensa dura tan sólo mientras dura el placer.[113] Pues bien fue dicho:

1. Opuestos y divergentes son estos dos: uno, lo que se conoce como falso conocimiento y el otro, el verdadero Conocimiento.

Yo, Yama, creo que Nakiketas posee un verdadero deseo de conocimiento pues ha permanecido inamovible ante placeres sin fin.

2. Aquel que conoce a la vez ambos: el conocimiento imperfecto (sacrificios, etcétera) y el perfecto (el del Ser) cruza la muerte por medio del primero y obtiene la inmortalidad por medio del segundo.

3. Aquellos que envueltos en la maraña del conocimiento imperfecto, pretendiendo ser sabios eruditos, vagan confundidos, tropezando como ciegos guiados por ciegos.

10. Los dioses y los demonios, deseosos de conocer al Ser, acudieron ante la presencia de Brahma (su padre, Pragapati).[114] inclinándose ante él, dijeron: "¡Oh ser bendito, queremos conocer al Ser, muéstranoslo, por favor". Aquél, después de reflexionar durante largo tiempo, pensó para sí: "Estos demonios no se han entregado aún, no han entregado las pasiones de su cuerpo y pretenden obtener el conocimiento del Ser Supremo"; así pues, les enseñó un Ser completamente diferente al que enseñó a los dioses. En dicho Ser estos demonios engaña os sien-

tan su base y aferrándose a él predican la falsedad, destruyendo el verdadero significado de la salvación. Lo que es irreal, lo ven real, como en la magia de los juglares. Así pues, que ningún brahmín sea engañado por ellos o éste será su mismo fin.

11. Esta es ciertamente la naturaleza del verdadero Ser, de la luz suprema del éter en el interior del corazón. Esta es la naturaleza de la sílaba Om. Mediante ella (Om) la luz surge, se eleva, respira y se vuelve para siempre el objeto de adoración y conocimiento de Brahma.

Esa luz en la forma de Om cuando hay respiración toma la forma del calor interno. Es como la acción del humo; pues cuando hay un soplo de aire, el humo primero se eleva hacia el cielo en columna y luego se pierde tomando la forma de las múltiples ramas de un árbol. Es como calentar "ghee" (mantequilla purificada) o como echar sal en agua. El Veda (Ser) va y viene como la figura etérea de un maestro de magia. Y aquí señalan:

"¿Por qué es comparado a un relámpago?" Porque tan pronto como sale ilumina el cuerpo entero. Así pues, el hombre debe adorar esa luz infinita mediante la palabra Om.

1. El hombre en el ojo que vive en el ojo derecho es Indra, y su esposa mora en el izquierdo.

2. La unión de estos dos tiene lugar en la cavidad del corazón, y la bola de sangre que allá está es ciertamente el vigor y la vida de ellos dos.

3. Existe un canal que va desde el corazón hasta el tercer ojo; ésta es la arteria para ambos ojos, los cuales, siendo uno sólo están divididos en dos.

4. La mente excita el fuego del cuerpo; ese fuego aviva el aliento, y el aliento, moviéndose en el pecho, produce un sonido muy quedo.

5. Ese sonido en la garganta pasa de primer mínimo a doble mínimo; en la punta de la lengua alcanza el triple mínimo, y cuando es pronunciado en la boca, lo llaman el alfabeto.

6. Aquel que conoce esto no ve la muerte ni la enfermedad ni la miseria, pues viendo todo objetivamente, no es afectado subjetivamente por nada y se vuelve todo en todas partes (se vuelve Brahma).

7. Hay la persona en el ojo, hay la que camina en el sueño, la que está profundamente dormida y la que está por encima del durmiente: éstas son las cuatro condiciones del Ser, y la cuarta es la más grande de todas.

8. Brahma con un pie se mueve en los tres y Brahma con los tres pies está al final.

NOTAS

1. Apelativo de Yama, dios de la muerte.

2. Se refiere al sacrificio del fuego, cuyo nombre es Nakiketa, según el párrafo anterior.

3. Indra, señor de los dioses.

4. Vayu, dios del viento.

5. Genios. Cf. TaiH. Up. II Valli, 8,1.

6. Según la teoría de las edades o yugas, la edad de Treta corresponde a la edad de la verdad. En ella el bien descansa sobra tres pilares (treta), en tanto que el mal, la cuarta columna, forma la semilla. Su opuesta corresponde a la edad actual, el Kali-yuga o edad de la oscuridad, donde el mal descansa sobre tres pilares y el bien, la cuarta columna, se halla en forma de semilla.

7. Los siete mundos constituyen las recompensas de un piadoso sacrificador, el primero es Bhu, el último Satya. Los siete mundos pueden ser explicados también como los mundos del padre, abuelo y bisabuelo, del hijo, nieto y biznieto del mimo sacrificador.

8. Dioses.

9. Sabios o videntes.

10. Ver nota 8.

11. Ver nota 9.

12. Rito del fuego.

13. Ver nota 5.

14. Ver nota 8.

15. Ver nota 3.

16. Maestro o gurú de los dioses.

17. Señor de todas las criaturas.

18. Enseñado por Varuna y aprendido por Bhrigu Varuni, hijo de Varuna.

19. Ver nota 8.

20. Según Max Müller, todo esto no son más que etimologías imaginaria de la palabras sánscritas "asvamedha" y "arka".

21. Ver nota 20.

22. Ver nota 17.

23. Ver nota 17.

24. Ver nota 8.

25. Ver nota 16.

26. La ascensión es una ceremonia para dirigirse a los dioses o para convertirse uno mismo en dios. Consiste en la recitación de ciertos himnos.

27. Persona en los Upanishads tiene el sentido de alma o conciencia individual.

28. Casta de los guerreros.

29. La casta inferior.

30. Estas son las cuatro castas de la India: los brahmines, los kshatriyas o guerreros, los vaisyas o comerciantes y los sudras, la gente ordinaria que no pertenece a las otras tres. Los parias o sin casta son los socialmente más humildes, pues no pertenecen a ninguna de las clases anteriores.

31. Ver nota 9.

32. Quíntuple, pues consiste en mente, habla, aliento, vista y oído.

33. Ver nota 27.

34, Cf. nota 17.

35. Sama significa canción y también igualdad.

36. Ganaka es conocido en la historia como un rey sabio y benévolo. Parece que Agatasatru está dispuesto a ofrecer una gran recompensa a un verdadero sabio, pues todos los sabios andan tras Ganaka para establecerse en su corte.

37. Ver nota 27.

38. Los siete órganos de la cabeza, por los males el hombre percibe el mundo y queda atado a él.

39. Son llamados imperecederos, según Max Müller porque, al proporcionar alimento al "prana" o aliento vital, evitan que el cuerpo perezca.

40. Rudra o Shiva, Señor de los mundos que rige a las almas individuales y a la naturaleza primordial (prakriti).

41. Otro de los dioses védicos. Se le suele identificar como el dios de la lluvia.

42. Ver nota 9.

43. Se refiere al método para alcanzar el conocimiento de la verdad que consiste en negar todo lo que es ilusión hasta llegar a lo verdadero.

44. Yagñvalkya tenía dos esposas, Maitreyi y Katayani. Maitreyi estaba unida a Brahma, pero Katayani tenía el mismo conocimiento que las demás mujeres.

45. Ver nota 28.

46. "Madhu", miel. Parece que aquí está tomado como ejemplo de algo que es a la vez causa y efecto, o también como ejemplo de cosas; que dependen mutuamente una de otra, o que no pueden existir una sin la otra. Puesto que las abejas fabrican la miel y ésta sustenta a las abejas, las abejas y la miel son a la vez causa y efecto, o dependen completamente uno del otro. De igual forma sucede con la tierra y los seres que viven en ella. Esta filosofía se denomina Madhuvidya, la ciencia de la miel, que Dadhyak comunicó a los Asvins.

47. Ver nota anterior.

48. Estas oblaciones consisten en madera y aceite, en carne y lecho y Soma. La primera, madera y aceite, arde por completo al ser echada en el fuego; la segunda, carne, en contacto con el fuego produce un ruido característico, y la tercera, que consiste en leche, Somas, etcétera, se hunde en la tierra.

49. Los puronuvakyas son himnos que se recitan antes del sacrificio; los Yagyas acompañan al sacrificio y los Sasyas se recitan para los Shastras. Los tres son llamados Stotriyas.

50. "Graha" suele significar una vasija para las oblaciones del sacrificio. Sin embargo aquí está tomado en el significado secundario del que toma o capta, es decir, un órgano de percepción de los sentidos, mientras que "atigraha" es tomado en el sentido de lo que es aprehendido o captado, es decir, un objeto de la percepción de los sentidos.

51. Ver nota 27.

52. El sentido de este pasaje, según Max Müller, es que el "samsara" o estado de liberación sigue presente en el Karma o acciones de un ser que ya lo ha obtenido, pues el Karma o acciones en sí mismas nunca conducen al estado de liberación.

53. Ver nota 5.

54. Una antigua raza de reyes que desapareció de la tierra.

55. Ver nota 3.

56. Ver nota 17.

57. Según el comentarista, las preguntas sobre Brahma deben ser respondidas únicamente por las escrituras, y no mediante discusión.

58. Aparecerá poco después con el nombre de Gautama.

59. Se refiere a Gargi Vakaknavi, no a la mujer de Yagñvalkya.

60. Esta repetición de la pregunta anterior no aparece en el texto Madhyandina.

61. La explicación etimológica de Vasau no está muy clara. Quizá "Vasu" signifique el mundo o sus moradores. En este pasaje el comentador apenas consigue aclarar el texto.

62. Atman aquí no tiene el sentido de ser o conciencia individual.

63. "Todo" aquí significa la vida de los hombres y el fruto de sus acciones.

64. Ver nota 27.

65. Deidad o "devata" aquí significa aquello de lo cual surge la persona.

66. Según Max Müller, porque avivan el fuego del mor.

67. Angaravishayana significa un recipiente donde se apagan los trozos de carbón. Parece que Yagñavalkya al decir que Sakalya fue escogido como "angaravishayana" por los demás brahmines quería decir que aquéllos lo habían escogido como víctima, esto es, que podría ser quemado o consumido por Yagñavalkya.

68. Diksha es el rito iniciatorio para el sacrificio Soma. Una vez hecho el sacrificio Soma, que tiene que ser comprado, el sacrificador se llena de sabiduría y se va errando en dirección al norte, que es el punto cardinal de Soma.

69. Palabra de reproche.

70. Porque el "apana" escaparía hacia abajo y el "prana" hacia arriba si no fueran retenidos por el "Vyana".

71. Porque los tres, "prana", "apana", y "vyana" se precipitarían en todas direcciones si no estuvieran atados al "adana" o aliento exterior.

72. El Samana no se puede toma aquí por uno de los cinco pranas, generalmente mencionados mitos del udana, sino que aquí tiene el sentido del Sutratman. El Sutratman mora en el Antaryamin, y éste en Brahma, por lo cual ha sido mencionado después del "udana".

73. La ocho moradas, los ocho mundos, los ocho dioses y las ocho personas han aparecido en la páginas anteriores.

74. Parece que la explicación de Gitran es coja o imperfecta, pues de las cuatro formas de las manifestaciones de Brahma, él sólo enseñó una. Las otras tres son su cuerpo, su lugar y su forma de adoración.

75. Ver nota 3.

76. Indra recibe el nombre de Vaisvanara por parte del comentarista, y su mujer, Virag. La pareja en el estado de vigilia es Visva; en estado de sueño, Taigasa.

77. Ver nota 43.

78. Los Videhas eran los súbditos del rey Ganaka.

79. En este mundo, mientras está despierto o soñando, en el otro mundo cuando está envuelto en el sueño profundo.

80. Ver nota 5.

81. Ver nota 8.

82. Ver nota 17.

83. Max Müller ha seguido aquí la traducción de Sankara, es decir, "avedhi" por ignorante, pero según afirma, parece que el texto está corrompido.

84. Los cinco "ganas", es decir, los Gandharvas, Pitris, Devas, Asuras y Kakshas; o bien, el aliento, el ojo, el oído, la comida y la mente.

85. Ver nota 43.

86. Ver nota 17.

87. Ver nota 17.

88. Meditación o himno denominado ukhta.

89. Ver nota 8.

90. Ver nota 9.

91. El comentarista toma el punto de vista opuesto a Max Müller. Según el primero, en tiempos de infortunio, algunos sabios de casta superior habían sido discípulos de maestros de castas inferiores, no para aprender, según él, sino meramente para vivir. Por eso, según aquél, Gautama se hace discípulo de palabra meramente, pues iría contra toda ley el hacerlo de otro modo.

92. Aquí también la interpretación de Max Müller que él reconoce como hipotética, difiere de la de Shankara.

93. Pronunciado "Gui" en español. Es mantequilla fundida, previamente limpiada de impurezas.

94. Ver nota 17.

95. Probablemente se refiere a la lista genealógica que viene a continuación.

96. Según Max Müller estas partes del texto no admiten traducción, por lo cual quedan en sánscrito.

97. Ver nota 17.

98. Generalmente conocido por Prakriti o Devatmasakti, en la filosofía Sankhya.

99. Esta soledad, Kevalatvam, se produce por el conocimiento de que el ser individual y el ser divino no son más que formas aparentes del verdadero Ser, Brahma.

100. Shankara explica "trampa" (gala) por "maya".

101. Los caminos del vicio, virtud y conocimiento.

102. En este pasaje, como en otros muchos, la posible falta de sentido e incluso de conexión entre las frases, proviene del mismo texto original.

103. Ver nota 9.

104. Las cuatro estaciones más la estación de las lluvias.

105. Devas: poderes, órganos, sentidos.

106. Manifiestan su poder respectivo.

107. Se refiere a las buenas y malas acciones, que son el trabajo de la mente.

108. Literalmente, la mente; aquí conserva su sentido original, la luna.

109. Ver nota 27.

110. Cinco receptivos, cinco órganos activos y cuatro clases de conciencia.

111. Ver nota 17.

112. Misión en contra de los budistas.

113. Nueva alusión en contra de los seguidores de Buda, aunque no necesariamente, pues hubo "herejes", como Brihaspati, antes de Budha.

114. Ver nota 17.

ÍNDICE